ISBN 978-3-649-60897-4

© 2012 Coppenrath Verlag GmbH & Co. KG, Münster

Grafische Gestaltung von Stefanie Bartsch

Redaktion: Katrin Gebhardt

Printed in China

www.coppenrath.de

Susanne Koheil (Hrsg.)

Was wirklich zählt

Kluge Frauen
über die Dinge des Lebens

COPPENRATH

Inhalt

Liebe, Glück und Leidenschaft 70

Stationen, Entwicklungen und Veränderungen 114

Ideale
und
Träume

Regina Faerber

manifest 4

ch glaube an die Worte, an das was bleibt, wenn sie gesprochen sind.

Ich glaube an die Verantwortung des Sagens, daran, daß jeder bekennen muß, *woran* er glaubt.

Ich glaube an die Einsicht der Menschen, an ihre Erreichbarkeit – an das Sehen, an das Hören, das Verstehen.

Ich sehe die Kälte, die Dummheit, den Argwohn in der Welt, von der auch ich ein Teil bin. Doch ich glaube an die Kraft der Sehnsucht, die als Motor der Veränderung Berge versetzen kann, Berge.

Ich glaube an die Notwendigkeit, sich zu wehren gegen Feigheit, Sturheit, Unrecht – jedoch nach sorgsamer Wahl der Waffen: Das Begreifen, der Humor und die freundliche Wachheit in Güte sollen den Weg bereiten für Ideen.

Ich glaube an die bessere Gegenwelt, die jeder in sich und um sich erschaffen kann, der nicht Mißstände mit Bitterkeit bekämpft, sondern freundlich und genau ihr Gegenteil erarbeitet und lebt.

Ich glaube an die Verantwortung der Stärkeren für Schwächere, der Alten für die Jungen, an die Erfahrungen der Erfahrenen, ich glaube an die große Chance der Kinderwelten, die niemand beschädigen darf.

Ich glaube an die Möglichkeiten des Ungewöhnlichen, Seltenen, an die Weitung der Seele im Umgang mit ihr.

Ich glaube an die Phantasie, den Wunschtraum, den es zu beleben gilt. Das Phantastische, die Utopie war von jeher der Funkenschlag vom Feuer der Veränderung.

Doch glaube ich nicht an jene Freiheit, die bedeutet, daß sie jeder sich nur nimmt. Ich glaube nicht an Chaos.

Ich glaube an die Harmonie der Menschen, die durch meine Überlegung und durch meine Offenheit zu wachsen beginnt. Ich glaube an die Notwendigkeit meines Vertrauens.

Ich glaube an dies Leben als die Prüfung, deren Wert ich bin, glaube an die guten und die schlechten Stunden, an die unbequeme Schule meiner Trauer und Erfahrung, glaube an den Sinn all meiner Wege, den es zu suchen gilt, wo er nicht offenliegt.

Wenn es einen Glauben
gibt, der Berge versetzen
kann, dann ist es der Glaube
an die eigene Kraft.

Marie von Ebner-Eschenbach

Simone de Beauvoir

Aus:
Memoiren
einer Tochter
aus gutem
Hause

Beschützt, verhätschelt, angenehm unterhalten durch die unaufhörliche Neuheit aller Dinge, war ich ein ungemein vergnügtes kleines Ding. Dennoch stimmte etwas nicht, da ich fürchterliche Wutanfälle bekam, bei denen ich mich, rotviolett im Gesicht und wie von Krämpfen befallen, auf den Boden warf. Ich bin drei Jahre alt, wir essen auf der besonnten Terrasse eines großen Hotels – es war in Divonne-les-Bains – zu Mittag; ich bekomme eine rote Eierpflaume und fange an, die Haut davon abzuziehen. „Nein", sagt Mama; ich werfe mich brüllend auf den Zementboden nieder. Ich heule den ganzen Boulevard Raspail entlang, weil Louise mich vom Square Boucicaut weggeholt hat, wo ich Sandkuchen backte. In solchen Augenblicken bin ich weder für Mamas unheilverkündende Miene noch für die strenge Stimme Louises oder das außergewöhnliche Dazwischentreten von Papa empfänglich. Ich brüllte damals so laut und so lange, daß ich im Luxembourggarten des öfteren als mißhandeltes Kind angesehen wurde. „Die arme Kleine!" sagte eine Dame und reichte mir ein Bonbon. Ich dankte es ihr, indem ich mit Füßen nach ihr stieß. Dieser Zwischenfall machte von sich reden; eine fettleibige, schnurrbartgeschmückte Tante, die „schrieb", berichtete darüber in der *Poupée modèle*.

Ich teilte das Gefühl der Hochachtung meiner Eltern vor bedrucktem Papier: Dank der Erzählung, die Louise mir vorlas, fühlte ich mich als Persönlichkeit; allmählich gewann indessen etwas wie Unbehagen in mir die Oberhand. „Die arme Louise weinte oft bitterlich, wenn sie an ihre Lämmer dachte", schrieb meine Tante. Louise weinte nie; sie hatte keine Lämmer, und außerdem liebte sie mich; und wie kann man überhaupt ein kleines Mädchen mit Lämmern vergleichen? Ich bekam an jenem Tag eine Ahnung davon, daß die Literatur mit der Wahrheit nur vage Beziehungen unterhält.

Oft habe ich mich nach Sinn und Grund meiner Wutanfälle gefragt. Ich glaube, daß sie sich zum Teil durch eine stürmische Vitalität und eine Neigung zu einem Extremismus erklärten, auf welchen ich niemals verzichtet habe. Da meine Abneigungen bis zum Erbrechen und meine Begierden bis zur Besessenheit gingen, trennte ein Abgrund die Dinge, die ich liebte, von denen, die mir zuwider waren. Ich war außerstande, den Sturz aus der Fülle ins Leere, aus der Seligkeit ins Grauen gelassen hinzunehmen; hielt ich diese Vorgänge freilich für schicksalgegeben, so resignierte ich; niemals habe ich meinen Groll an einem Objekt ausgelassen. Aber ich lehnte es ab, der ungreifbaren Macht der Worte zu weichen; was mich aufs tiefste empörte, war, daß ein beiläufig hingesagter Satz wie: „Man muß... man darf nicht..." im Handumdrehen meine Unternehmungen und Freuden von Grund auf vernichtete. Die Willkür der Befehle und Verbote, auf die ich stieß, schien mir ein Beweis für ihre Substanzlosigkeit zu sein; gestern habe ich einen Pfirsich geschält; weshalb nicht heute die Pflaume? Weshalb muß ich mich von meinem Spiel gerade in dieser Minute trennen? Überall traf ich auf Zwang, jedoch nirgends auf Notwendigkeit. Im Innersten des Gesetzes, das steinern auf mir lastete, ahnte ich schwindelerregende Leere. In diesem Abgrund versank ich dann unter ohrenbetäubendem Geschrei. Indem ich mich strampelnd zu Boden warf, stemmte ich mich mit dem Gewicht meines Leibes gegen die nicht zu fassende Macht, die mich tyrannisierte; ich zwang sie dazu, Gestalt anzunehmen.

Man wäre vielleicht gar nicht schwer mit mir fertig geworden, aber meine Eltern nahmen meine Wutanfälle ohnehin nicht tragisch. Papa – der damit irgend jemanden parodierte – stellte fest: „Dies Kind ist unsoziabel." Er sagte auch, nicht ohne einen Anflug von Stolz: „Simone ist eigensinnig wie ein Maulesel." Ich machte mir das zunutze und überließ mich um so mehr meinen Launen; ich war ungehorsam einzig um des Vergnügens willen, Befehle zu mißachten. Auf Familienbildern streckte ich die Zunge heraus oder stellte mich mit dem Rücken zum Photographen auf; alles um mich her lachte. Ähnliche Siege ermutigten mich, Regeln, Riten, Routine nicht für unüberwindlich zu halten. In ihnen wurzelte auch ein Optimismus bei mir, der allen Zähmungsversuchen widerstand.

Interview
mit mir selbst

Ich bin vor nicht zu langer Zeit geboren
In einer kleinen, klatschbeflissenen Stadt,
Die eine Kirche, zwei bis drei Doktoren
Und eine große Irrenanstalt hat.

Mein meistgesprochenes Wort als Kind war ‹nein›.
Ich war kein einwandfreies Mutterglück.
Und denke ich an jene Zeit zurück:
Ich möchte nicht mein Kind gewesen sein.

Im letzten Weltkrieg kam ich in die achte
Gemeindeschule zu Herrn Rektor May.
– Ich war schon zwölf, als ich noch immer dachte,
Daß, wenn die Kriege aus sind, Frieden sei.

Zwei Oberlehrer fanden mich begabt,
Weshalb sie mich – zwecks Bildung – bald entfernten;
Doch was wir auf der hohen Schule lernten,
Ein Wort wie ‹Abbau› haben wir nicht gehabt.

Beim Abgang sprach der Lehrer von den Nöten
Der Jugend und vom ethischen Niveau –
Es hieß, wir sollten jetzt ins Leben treten.
Ich aber leider trat nur ins Büro.

Acht Stunden bin ich dienstlich angestellt
Und tue eine schlechtbezahlte Pflicht.
Am Abend schreib ich manchmal ein Gedicht.
(Mein Vater meint, das habe noch gefehlt.)

Bei schönem Wetter reise ich ein Stück
Per Bleistift auf der bunten Länderkarte.
– An stillen Regentagen aber warte
Ich manchmal auf das sogenannte Glück …

Mascha Kaléko

Irmgard Keun

Ich bin ein Glan.

Das war gestern abend so um zwölf, da fühlte ich, dass etwas Großartiges in mir vorging. Ich lag im Bett – eigentlich hatte ich mir noch die Füße waschen wollen, aber ich war zu müde wegen dem Abend vorher, und ich hatte doch gleich zu Therese gesagt: »Es kommt nichts bei raus, sich auf der Straße ansprechen zu lassen und man muss immerhin auf sich halten.«

Außerdem kannte ich das Programm im Kaiserhof schon. Und dann immer weiter getrunken – und ich hatte große Not, heil nach Hause zu kommen, weil es mir doch ohnehin immer schwer fällt, nein zu sagen. Ich hab gesagt: »Bis übermorgen.« Aber ich denke natürlich gar nicht dran. So knubbelige Finger und immer nur Wein bestellt, der oben auf der Karte steht und Zigaretten zu fünf – wenn einer so schon anfängt, wie will er da aufhören?

Im Büro war mir dann so übel, und der Alte hat's auch nicht mehr dick und kann einen jeden Tag entlassen. Ich bin also gleich nach Hause gegangen gestern Abend – und zu Bett ohne Füße waschen. Hals auch nicht. Und dann lag ich so und schlief schon am ganzen Körper, nur meine Augen waren noch auf – der Mond schien mir ganz weiß auf den Kopf – ich dachte noch, das müsste sich gut machen auf meinem schwarzen Haar und schade, dass Hubert mich nicht sehen kann, der doch schließlich und endlich der Einzige ist, den ich wirklich geliebt habe. Da fühlt ich wie eine Vision Hubert um mich und der Mond schien und von nebenan drang ein Grammofon zu mir, und da ging etwas Großartiges in mir vor – wie auch früher manchmal – aber da doch nie so sehr. Ich hatte ein Gefühl ein Gedicht zu machen, aber dann hätte es sich womöglich reimen müssen und dazu war ich zu müde. Aber ich erkannte, dass etwas Besonderes in mir ist, was auch Hubert fand und Fräulein Vogelsang von der Mittelschule, der ich einen Erlkönig hinlegte, dass alles starr war. Und ich bin ganz verschieden von Therese und den anderen Mädchen auf dem Büro und so, in denen nie Großartiges vorgeht. Und dann spreche ich fast ohne Dialekt, was viel ausmacht und mir eine Note gibt, besonders da mein Vater und meine Mutter ein Dialekt sprechen, das mir geradezu beschämend ist.

Und ich denke, dass es gut ist, wenn ich alles beschreibe, weil ich ein ungewöhnlicher Mensch bin. Ich denke nicht an Tagebuch – das ist lächerlich für ein Mädchen von achtzehn und auch sonst auf der Höhe. Aber ich will schreiben wie Film, denn so ist mein Leben und wird noch mehr so sein. Und ich sehe aus wie Colleen Moore, wenn sie Dauerwellen hätte und die Nase mehr schick ein bisschen nach oben. Und wenn ich später lese, ist alles wie Kino – ich sehe mich in Bildern. Und jetzt sitze ich in meinem Zimmer im Nachthemd, das mir über meine anerkannte Schulter gerutscht ist, und alles ist erstklassig an mir – nur mein linkes

Bein ist dicker als mein rechtes. Aber kaum. Es ist sehr kalt, aber im Nachthemd ist schöner – sonst würde ich den Mantel anziehn.

Und es wird mir eine Wohltat sein, mal für mich ohne Kommas zu schreiben und richtiges Deutsch – nicht alles so unnatürlich wie im Büro. Und für jedes Komma, was fehlt, muss ich der Hopfenstange von Rechtsanwalt – Pickel hat er auch und Haut wie meine alte gelbe Ledertasche ohne Reißverschluss – ich schäme mich, sie noch in anständiger Gesellschaft zu tragen – solche Haut hat er im Gesicht. Und überhaupt halte ich von Rechtsanwälten nichts – immer happig aufs Geld und reden wie'n Entenpopo und nichts dahinter. Ich lass mir nichts anmerken, denn mein Vater ist sowieso arbeitslos und meine Mutter ist am Theater, was auch unsicher ist durch die Zeit. Aber ich war bei der Hopfenstange von Rechtsanwalt. Also – ich leg ihm die Briefe vor und bei jedem Komma, was fehlt, schmeiß ich ihm einen sinnlichen Blick. Und den Krach seh ich kommen, denn ich hab keine Lust zu mehr. Aber vier Wochen kann ich sicher noch hinziehn, ich sag einfach immer, mein Vater wäre so streng, und ich müsste abends gleich nach Haus. Aber wenn ein Mann wild wird, dann gibt es keine Entschuldigungen – man kennt das. Und er wird wild mit der Zeit wegen meinen sinnlichen Blicken bei fehlenden Kommas. Dabei hat richtige Bildung mit Kommas gar nichts zu tun. Aber fällt mir nicht ein mit ihm und so weiter. Denn ich sagte auch gestern zu Therese, die auch auf dem Büro und meine

Freundin ist: »Etwas Liebe muss dabei sein, wo blieben sonst die Ideale?«

Und Therese sagte, sie wäre auch ideal, weil sie so mit Seele und Schmerz mit einem Verheirateten, der nichts hat und an Scheidung nicht denkt und nach Goslar gezogen ist – und sie ist dann ganz vertrocknet und 38 geworden letzten Sonntag und sagt 30 – und 40 sieht man ihr an – und alles wegen dem Laumann. Und so ideal bin ich wieder nicht. Denn das sehe ich nicht ein.

Und habe mir ein schwarzes, dickes Heft gekauft und ausgeschnittne weiße Tauben draufgeklebt und möchte einen Anfang schreiben: Ich heiße somit Doris und bin getauft und christlich und geboren. Morgen schreibe ich mehr.

Finde dich, sei dir selber treu,
lerne dich verstehen,
folge deiner Stimme,
nur so kannst du
das Höchste erreichen.

Bettina von Arnim

Elizabeth von Arnim

Aus:

Elizabeth
und
ihr Garten

Glück ist so bekömmlich; es stärkt und belebt meine Frömmigkeit viel wirksamer als jede Menge Schicksalsprüfungen und Sorgen, und eine unerwartete Freude ist das sicherste Mittel, mich in die Knie zu zwingen. Trotz der Beteuerungen einiger seltsamer Geister, daß ihnen Prüfungen guttäten, glaube ich das nicht. Dergleichen kann uns nur verhärten, während Glück uns weich stimmt, uns freundlicher und gütiger macht. Und will etwa jemand behaupten, es gehöre sich für uns, für Prüfungen dankbarer als für Wohltaten zu sein? Wir sind zum Glücklichsein bestimmt und sollten alles Glück mit Dankbarkeit empfangen – keiner von uns ist wirklich je dankbar genug, und doch bekommt jeder so viel, so ungeheuer viel, mehr als wir verdienen. Ich kenne eine Frau – sie war im letzten Sommer hier –, die sich grimmig freut, wenn ihre Nächsten leiden. Sie glaubt, das sei unser Schicksal und es stärke uns und tue nur gut, und sie würde niemandem auch nur unnötigen Schmerz ersparen wollen; sie weint mit den Leidenden, ist aber überzeugt davon, es geschehe alles zum besten. Möge sie denn in ihrem trüben Glauben beharren; sie hat keinen Garten, der die Schönheit und das Glück der Frömmigkeit lehren kann, sie wünscht sich das auch nicht im geringsten; ihre Überzeugungen sind grau wie die tristen Straßen und Häuser, in denen sie wohnt – die traurige Farbe der Masse. Ergebenheit in das, was man als ›Schicksal‹ bezeichnet, ist einfach unwürdig. Wenn das Schicksal dich zum Weinen bringt und elend macht, schüttel es ab und ergreif ein anderes; geh deinen Weg; kümmere dich nicht um die Aufschreie deiner Verwandten, ihren Spott oder ihr Flehen, laß nicht diese Minigesellschaft dir Kommen und Gehen vorschreiben, hab doch keine Angst vor der öffentlichen Meinung, wie sie dein nächster Nachbar verkörpert, wenn die ganze Welt vor dir liegt: neu und strahlend und alles möglich ist, so du nur tatkräftig und unabhängig bist und die Gelegenheit beim Schopfe packst.

Man muss sich
die Freiheit nehmen.
Sie wird einem
nicht gegeben.

Meret Oppenheim

Lebensmotto

Fromme Seelen, fromme Herzen,
himmelssehnend, lebenssatt;
euch ist rings ein Tal der Schmerzen,
eine finstre Schädelstatt!
Mag in schreckenden Gesichten
bang vor mir das Schicksal stehn;
nie soll mich der Schmerz vernichten,
nie zerknirscht und reuig sehn!

Freiem Leben, freiem Lieben
bin ich immer treu geblieben!

Leben – Meer, das endlos rauschend
mich auf weiten Fluten trägt:
Deinen Tiefen freudig lauschend
steh ich sinnend, stumm bewegt.
Stürzt Gewittersturm, der wilde,
jauchzend sich ins Meer hinein,
schau ich in dem Flammenbilde
meines Lebens Widerschein.

Freiem Leben, freiem Lieben
bin ich immer treu geblieben!

Liebe – von der Welt geächtet,
von dem blinden Wahn verkannt,
oft gemartert, oft geknechtet,
ohne Recht und Vaterland;
fester Bund von stolzen Seelen,
den des Lebens Glut gebar,
freier Herzen freies Wählen
vor der Schöpfung Hochaltar!

Freiem Leben, freiem Lieben
bin ich immer treu geblieben!

Und solang die Pulse beben,
bis zum letzten Atemzug
weih der Liebe ich dies Leben,
ihrem Segen, ihrem Fluch!
Schöne Welt, du blühend Eden,
deiner Freuden reicher Schatz
gibt für alle Schicksalsfehden
vollen, köstlichen Ersatz!

Freiem Lieben, freiem Leben
hab ich ewig mich ergeben!

Louise Aston

Ida Boy-Ed

Ich selbst?

Wenn ich von tausend Millionen sprechen will, kann ich das mit einem Wort ausdrücken, ich sage: eine Milliarde. Wenn ich aber von einer Unsumme von Arbeit, Leiden, Freuden, Illusionen, Enttäuschungen, Kämpfen, Schönheiten, Unbegreiflichkeiten, Widerwärtigkeiten reden soll, kann ich das nicht kurz tun, geschweige denn alles mit einem Wort ausdrücken. Hier unterbricht mich schon ein schlagfertiger Leser und bemerkt überlegen: Es gibt doch ein Wort, das das alles zusammen benennt; es heißt: Leben! Dieser Schlagfertige hat Unrecht. Das Leben ist kein arithmetischer Begriff, und es gibt keine gleichen Leben. Jedes ist ein unvergleichbares Ereignis für den, der es durchstreitet. Ich glaube selbst bei den Trappisten und den Klarissinnen: So stumm und gleichförmig dies religionsautomatisch aufgezogene Menschentum äußerlich auch seine Tage sich abspinnen sieht, drinnen in der Brust eines jeden wohnt doch ein Sonderleben, und sei es auch nur das der Erinnerung.

Ich habe mich gefragt, ob es leicht oder schwer sei, von mir zu sprechen. Es ist leicht – nicht etwa, weil ich mir selbst kein interessanter Stoff mehr bin, sondern weil die höchstmögliche Reife (vollkommene Reife gibt es nicht!) eines mit der völligsten Unschuld gemeinsam hat: die gänzliche Unbefangenheit. Konventionell zu sein wäre auch zu mühsam für jemanden, der sich immer mit dem Studium des Menschen beschäftigt hat und dessen heimliches, persönliches Ziel war, einfach zu werden! Für eine Frau wohl das schwierigste aller Ziele, vor allem für eine, bei der »Mutterschaft und Künstlertum« [...] sich in einem nie auszugleichenden Interessenstreit befinden. Mit Zielen ist es nun so wie mit dem Landungspunkt des Schiffers, der einen über den Nil setzt und wegen der gewaltigen Strömung die Richtung ein Viertelkilometer weiter flußaufwärts nimmt, als er eigentlich ankommen will und kann. Auch bei ethischen Zielen drängt der Strom des Lebens einen doch beträchtlich niedriger ans Ufer, als man erstrebt hatte.

Ich wollte Frau sein,
ich wollte Künstlerin sein.
Ich nahm alles auf
und je mehr man aufnimmt,
desto mehr Kraft findet man,
Dinge zu vollbringen und
den Lebenshorizont
zu erweitern.

Anaïs Nin

Doris Lessing

So etwas tut keine verheiratete Frau

Eine Frau stand in zahlreichen Geschäften vor großen Spiegeln, betrachtete mit kühler, nicht bloß freundlicher Neugier eine Frau Anfang Vierzig, die bis auf zwei oder drei Zentimeter mehr oder weniger noch immer dieselbe Figur hatte wie in jungen Jahren; die hübsches kastanienbraunes Haar hatte – natürlich getönt, weil es jetzt schnell grau zu werden begann. Eine kühle Neugier, die aber rasch zum stillschweigenden Einverständnis unter vier Augen, von Frau zu Frau wurde, blutsverwandt einem so außerordentlich zerstörerischen «spöttisch-wehmütigen Lächeln»… Zerstörerisch, weil es ihre offizielle oder zur Schau getragene Meinung über sich selbst aufhob. Es war besser, den langen Austausch drängender Blicke zu vermeiden, drohte er doch fortwährend, lautes Lachen zu provozieren: Ja, sie wußte es – was sie erwartete, war spöttisches Lachen über die ganze Sache… Jenes Lachen, das sie und Mary Finchley so erlösend gefunden (genossen? als Vorbeugungsmittel benutzt?) hatten, wenn sie zusammen waren, allein, ohne Ehemänner, Familie, Gäste.

Nein, sie mußte einen Schritt zurücktreten, sich als Ganzes betrachten und zugeben, daß eine nett anzusehende, schicke Frau an der Schwelle ihrer mittleren Jahre vor ihr stand. Noch an der Schwelle – noch hatte sie nicht beschlossen, in dieses

Stadium einzutreten. Sie konnte sich sagen, als sie ihr Bild leidenschaftslos im Spiegel betrachtete, daß ihre Figur, ihre wesentlichen Merkmale, Gliedmaßen, Taille, Brüste, Haar, Halslinie fast unverändert noch genauso waren wie vor beinahe einem Vierteljahrhundert, als sie ein Dutzend junge Männer angelockt, ihren Mann geheiratet hatte. Unverändert, vielleicht sogar besser, da soviel Chemikalien und Medikamente in diesen Artefakt geflossen, soviel Schlankheitskuren gemacht und Haar, Zähne und Augen ständiger Pflege unterzogen worden waren – wie würde sie heute aussehen, wenn sie zum Beispiel in ein brasilianisches Elendsviertel hineingeboren worden wäre?

Was verändert war, war – nichts Greifbares. Es war, wieder einmal, eine Frage der Atmosphäre, etwas, das sie unsichtbar mit sich trug. Der Grund, weshalb dieselben charakteristischen Merkmale, Zähne, Augen, Hüfte und so weiter, attraktiv gewesen waren, als sie eine junge Frau war, während sie es jetzt nicht mehr oder jedenfalls nicht stärker waren als bei jeder anderen Frau ihres Alters (als bei Angehörigen der Minderheit, sofern diese nicht schon in ziemlich jungen Jahren und aus den verschiedensten Gründen, vor allem aus Armut, auf jegliche Attraktivität verzichteten) – der Grund war die delikate Sache mit dem «Geist». Sicherlich das falsche Wort; aber welches war das richtige – Situation? Zustand? Haltung? Um sie war nicht, wie der feine, fast unsichtbare Hof einer Kerzenflamme, jene Ausstrahlung von Attraktivität: *Ich bin zu haben, kommt und riecht und schmeckt.*

In ihrem Fall war es, weil sie, und das seit langem, Ehefrau und Mutter war, und nie – oder nicht oft, und dann nicht lange – daran interessiert gewesen war, eine Anziehungskraft auf andere Männer außer auf ihren eigenen Mann auszuüben.

Über all das war natürlich ausgiebig und freimütig zwischen Mann und Frau gesprochen worden. So mußte es sein. Für dieses überaus schwierige, riskante und konflikthaltige Gebiet der Ehe hatten sie von Anfang an so etwas wie eine «Arbeitshypothese» gehabt. Und man hatte sie immer auf den neuesten Stand gebracht, nie veralten lassen... Kate war sich trotzdem bewußt, daß die Dinge, die sie und Mary Finchley bei ihren «Kälbersitzungen», wie sie es nannten, als gegeben voraussetzten, allenthalben im Widerspruch zu den ehelichen Arbeitshypothesen standen. Warum dachte sie bloß soviel an Mary? Über die Reaktion ihrer langjährigen Freundin auf die Nachricht von dem neuen Job hatte sie sich eigentlich geärgert. Mit jenem unbeschwerten Lachen, das Kate schon immer sehr gewöhnlich fand, hatte sie gesagt: «Dank sei dem Schöpfer. Wurde ja auch langsam Zeit!»

Es war jedenfalls in Ordnung, daß sie sich jetzt in so vielen verschiedenen Spiegeln sah, eine Flamme entzündete, bestimmte Strömungen in Gang setzte. Nein, nicht wie sie es bei den kurzen Augenblicken spontaner erotischer Anziehung während ihrer Ehe (die Mary kritisch als «Welt, auf immer ohne Lust» bezeichnete) getan hatte, wenn sie mit einem bestimmten Mann zusammengekommen war. Jetzt tat sie etwas ganz anderes. Genau wie bei einem jungen Mädchen, das sich plötzlich seiner Attraktivität bewußt wird, so war es jetzt bei Kate. Ein innerer Thermostat war anders eingestellt – er sagte nicht: Du da drüben, ja du, komm her und hol mich! Sondern: Wie unglaublich begehrenswert ihr alle seid; wenn ich wollte, wäre ich zu haben, aber es liegt bei euch; und es ist wirklich viel aufregender, wenn man so ist, so auf den Wogen allgemeiner Anerkennung und Zustimmung schwimmt; es wäre schrecklich langweilig, mich mit einem einzigen zu begnügen.

So etwas tut keine verheiratete Frau. (Außer Mary! Aber man bedenke, was ihre Familie deswegen durchmachte – nein, man konnte sie nicht beneiden, nicht nachahmen; wahrscheinlich durfte man ihr noch nicht einmal zuhören, und schon gar nicht sollte man die lautstarken Sitzungen mit Lachen und Altweibergeschichten genießen. Kümmere dich nicht um Mary.) Keine *wirklich* verheiratete Frau stellt den Thermostat auf jeden Tom, Dick und Harry ein. (Wenn sie mit Michael über dieses Thema diskutierte, vertraten sie beide ganz bestimmte Ansichten darüber, was es bedeutete, *wirklich* verheiratet zu sein.) Nicht, wenn sie verheiratet bleiben möchte. (Oder wenn es einem nichts ausmacht, eine Frau wie Mary zu sein, deren Leben in den fünfzehn Jahren, seit Kate sie kannte, einem französischen Boulevardstück geglichen hatte – natürlich etwas gedämpfter, dem gemäßigteren Klima Londons angepaßt.) Kate wußte, daß nicht jede Ehe eine wirkliche Ehe war und daß wirkliche

Ehen immer seltener wurden. Mit ihrer eigenen hatte sie Glück. Wenn man ein Wort wie «Glück» benutzen wollte, statt sich selbst das Verdienst zuzuschreiben, (trotz Mary) zu den Frauen zu gehören, die wirklich verheiratet sind, mit einem richtigen Ehemann. In einer solchen Ehe zu leben, bedeutet, daß man den Thermostat nur auf einen bestimmten Punkt einstellen kann. Außer natürlich bei jenen kurzen und unwichtigen Gelegenheiten, über die Mary so spottete, weil sie ein Maximum an Leid mit einem Minimum an Vergnügen vereinten … Wenn sie nicht imstande war, ernsthaft über ihre Ehe nachzudenken, ohne daß sich Mary Finchley alle Augenblicke ins Bild drängte, dann sollte sie es lieber ganz bleiben lassen.

Als Abschluß der Verwandlung ihrer Person ging sie zu einem teuren Modefriseur, der seine Hände verständnisvoll auf ihren Schultern ruhen ließ, während er sie über ihren Kopf hinweg im Spiegel betrachtete, genau wie sie es tat. Sie begutachteten das Rohmaterial seiner Kunst; und dann erkundigte er sich, ob ihr Haar schon immer diesen Rotton gehabt habe? Er hatte natürlich recht; aber sie hatte befürchtet, das sehr kräftige dunkle Rot, das ihrem Haar von Natur aus eignete, sei für eine Frau ihres Alters zu auffällig. Nein, das sei *Unsinn*, sagte er, und entließ sie mit einer sehr dunkelroten Haarfarbe und einer Frisur, bei der sie bei jeder Kopfbewegung das Gefühl hatte, eine schwere Seidenlast schwinge gegen ihre Wangen. So war es früher immer gewesen, wie sie sich noch gut erinnerte.

Diese Beschwörung ihres jugendlichen Ichs war beunruhigend. Sie glaubte, ihre Gefühle seien übertrieben. Sie wünschte, Michael wäre da, um sich an ihr zu erfreuen; freute sich dann, ebenso heftig, daß er weit weg, in Boston war. Was waren das für Gefühlsschwankungen, woher kamen sie? Im Verlauf von einer einzigen Stunde waren ihre Gedanken über Michael so widersprüchlich wie die einer Verrückten. Warum? Die Wahrheit konnte doch wohl nicht lauten, daß sie schon immer so gewesen war und es erst jetzt langsam erkannte? Gut, zumindest war sie froh, daß ihre Kinder sie nicht so sahen – nein, kein junger Mensch sieht seine Mutter gern so verführerisch und strahlend.

Menschen

Als ich, mit der Welt zerfallen,
schweigend ging umher,
da fragten die lieben Menschen:
Was quälet dich so sehr?

Ich sagte ihnen die Wahrheit;
sie haben sich fortgedrückt
und hinter meinem Rücken
erklärt, ich sei verrückt.

Ada Christen

Marlene Dietrich

Über die Freundschaft

Sehr wenige Menschen verstehen die Bedeutung dieses Wortes. Hemingway verstand sie, Fleming verstand sie und Oppenheimer, nur um ein paar Namen zu nennen. Die Freundschaft ist verwandt mit der Mutterliebe, der Geschwisterliebe, der ewigen Liebe, der reinen, erträumten, immer ersehnten Liebe, sie ist nicht Liebe unter dem Deckmantel der Liebe, sondern ein reines Gefühl, nie fordernd und daher ewig.

Die Freundschaft hat mehr Menschen zusammengeführt als die Liebe. Sie ist kostbar und heilig. Sie vereint die Soldaten im Kampf, stärkt die Widerstandskräfte, sie erfüllt uns alle, selbst wenn wir dunkle Absichten haben.

Für mich ist die Freundschaft das kostbarste aller Güter.

Jeder, der eine Freundschaft verleugnet, sieht sich ausgeschlossen, vergessen, für immer aus dem Kreis der Freunde verdrängt. So einfach ist das. Freunde, die einen hintergehen, sind zum Tode verurteilt, wenn ich so sagen darf, und sie werden sich immer fragen, warum sie keinen Anklang mehr finden. Ich verachte sie. Sie sind das Letzte vom Letzten. Sobald man den Segen einer Freundschaft erfährt, hat man die heilige Pflicht, ihren Gesetzen zu gehorchen. Ganz gleich, welche Folgen das haben mag. Ob durch Schweigen oder durch Worte, immer sind die Regeln der Freundschaft in Ehren zu halten.

Das ist keine einfache Aufgabe und erfordert manchmal übermenschliche Anstrengung. Aber die Freundschaft ist die wichtigste menschliche Beziehung, sie hat eine weitaus größere Bedeutung als die Liebe. Liebe ist unbeständig. Liebe, außer der Mutterliebe, ist treulos und findet immer gute Gründe dafür. Freundschaft ist echt oder nicht vorhanden; das ist leicht zu unterscheiden.

Sobald die Freundschaft einen ergriffen hat, trägt sie einen mit vollen Segeln davon. In der Person kann man sich nicht irren. Ein Versprechen unter Freunden, besiegelt mit einem Handschlag, ist ein unauflöslicher Schwur.

Es gibt eine Gruppe von Menschen, die nie erfahren, was Freundschaft sein kann: die Eskapisten. Sie gehen eigenen Schwierigkeiten und denen anderer aus dem Weg, wollen sich nicht einfühlen. Woody Allen sagte: »Sie verschließen die Augen vor allen Problemen – sie gehen statt dessen einkaufen.« Dem stimme ich hundertprozentig zu. Ich habe sie beim Einkaufen gesehen! Ich bin von ihnen umgeben, und ich kämpfe einen vergeblichen Kampf, sie der Wirklichkeit wiederzugeben. Sie versuchen nicht nur zu flüchten, sie versuchen auch, die Schuld anderen in die Schuhe zu schieben. Sie sind eine bedauernswerte Bande.

Alle Bemühungen sind vergebens. Sie flüchten.

Du willst das Glück in der Liebe sehen.
Da ist es nicht. Das Glück ist
in der Ruhe, in der Freundschaft;
die Liebe, das ist ein Sturm, ein Kampf.
Gut, ich werde dir eine andere Liebe zeigen;
Freundschaft, das heißt Ruhe,
verbunden mit einer Lust,
das heißt dem Genuss, das ist Glück.

George Sand

Ingeborg Bachmann

Die Wahrheit ist dem Menschen zumutbar

Nun steckt aber in jedem Fall, auch im alltäglichsten von Liebe, der Grenzfall, den wir, bei näherem Zusehen, erblicken können und vielleicht uns bemühen sollten, zu erblicken. Denn bei allem, was wir tun, denken und fühlen, möchten wir manchmal bis zum Äußersten gehen. Der Wunsch wird in uns wach, die Grenzen zu überschreiten, die uns gesetzt sind. Nicht um mich zu widerrufen, sondern um es deutlicher zu ergänzen, möchte ich sagen: Es ist auch mir gewiss, dass wir in der Ordnung bleiben müssen, dass es den Austritt aus der Gesellschaft nicht gibt und wir uns aneinander prüfen müssen. Innerhalb der Grenzen aber haben wir den Blick gerichtet auf das Vollkommene, das Unmögliche, Unerreichbare, sei es der Liebe, der Freiheit oder jeder reinen Größe. Im Widerspiel des Unmöglichen mit dem Möglichen erweitern wir unsere Möglichkeiten. Dass wir es erzeugen, dieses Spannungsverhältnis, an dem wir wachsen, darauf, meine ich, kommt es an; dass wir uns orientieren an einem Ziel, das freilich, wenn wir uns nähern, sich noch einmal entfernt.

Harmonie
und
Schönheit

Sehnsucht

So still und heiß ist die Sommernacht,
da bin ich jäh aus dem Schlaf erwacht,
am Fenster duften die Linden –
die Sehnsucht sitzt auf des Bettes Rand
und winkt und winkt mit verstohlener Hand,
und ich kann keinen Schlaf mehr finden.

Von fernher das Meer herüberrauscht,
es zittert mein banges Herz und lauscht,
kann nimmer den Morgen erwarten –
weich geht der Nachtwind und seufzt und klagt,
und ich folge hinaus, hinaus in die Nacht,
in den sommerduftenden Garten …

Thekla Lingen

Marie Luise Kaschnitz

Der alte Garten

Welch strahlende Lebensfreude, welch stürmisches Drängen atmet ein früher Sommermorgen! Noch funkeln die Tautropfen in allen Regenbogenfarben im Gras, noch strahlen die Mauern die Kühle der Nacht aus, schon erheben sich die Falter und taumeln von Blüte zu Blüte, schon summen die Bienen und zwitschern die Vögel im Laub. Immer heißer scheint die Sonne, und die Blumen und Blätter trinken ihr Licht wie einen köstlichen Trank, der sich in ihnen verwandelt in Lebensfeuer und Kraft. Auch auf die noch geschlossenen Blüten strahlt die Sonne immer heißer herab, und es ist, als wolle sie sie auffordern, nicht länger zu warten mit dem Blühen. Da zögern diese noch eine Weile, weil es so schön dämmrig ist in ihrem Haus und so still, und weil man nicht wissen kann, was geschieht in der wilden lärmenden Welt. Aber bald werden auch sie von großer Unruhe erfasst. Ihre Kelchblätter bedrängen und drücken sie, ihre Blütenblätter wollen sich ausbreiten und ihre Staubgefäße sich aufrichten. Immer größer wird ihre Unruhe, immer glühender der Tanz der goldenen Strahlen. Da weichen plötzlich die Kelchblätter zur Seite, und die Blütenblätter breiten sich aus und bilden einen leuchtenden Kelch. Von Goldstaub bedeckt, richten sich die Staubgefäße auf und umringen den schlanken Stempel, der den Fruchtknoten trägt.

Jetzt steht die Blüte offen, der heiße Sommerwind umweht sie und über ihr ist der tiefblaue Himmel und die Sonne wie ein goldenes Schild.

Einen Augenblick lang bleibt die Blume ganz still. Dann aber ist es für immer vorbei mit ihrer Ruhe. Denn jetzt kommen die geflügelten Tiere zu ihr, die einst wie sie selbst in der dunklen Erde waren und nun verwandelt sind in Geschöpfe des Lichts. Die schwarzen Hummeln kommen, die goldenen Bienen und die strahlenden Falter, und, von einem dunklen Mal angelockt, finden sie den Honigsee in der Tiefe der Blüte.

Während aber die bunten Falter über sie hinwegschweben und mit ihrem langen Rüssel nur ein wenig von dem Honig naschen, lassen sich die Bienen und Hummeln auf ihr nieder, so wild und heftig, dass ihr Stiel zu schwanken beginnt und ihre Blätter erbeben. Sie dringen in die Tiefe des Kelches, und von ihrem Summen ertönt die Blüte wie eine dumpfe Trommel. Von ihren Staubfäden fällt der Goldstaub, und sie zittert wie ein Halm im Sturm. Vielleicht ist dies alles sehr erschreckend für die schöne junge Blume, und vielleicht hat sie einen Augenblick lang das Gefühl, als möchte sie ihre Blüte schließen und zurückkehren in die Dunkelheit und Stille. Aber das tut sie nicht. Denn wenn auch ihre Wurzeln und ihre Stengel der dunklen Erde angehören, so ist doch ihre Blüte ein Teil des strahlenden Lichts, gerade wie die bunten Falter und die goldenen Bienen. Solange die Sonne am Himmel steht, wird sie sich immer weiter auftun und niemals glücklicher und schöner sein als zu dieser Zeit. Sie wird ihre wilden Gäste mit ihrem Blütenstaub überschütten, und diese werden ihr den Staub anderer ferner Blüten bringen, dessen sie bedarf, um ihre Frucht zu bilden.

Marietta Peitz

Aus:
Grün, wie
lieb' ich dich
grün

Freunde kommen; sie würdigen unseren Garten kaum eines Blicks, so sehr sind sie mit sich selbst beschäftigt. Als es nichts mehr zu sagen gibt, was nicht schon wiederholt gesagt worden wäre, scheint die jähe Stille sie zu bedrücken. Über dem vierten Glas Erdbeerbowle fällt nach einem trägen Blick über die Tulpen das Stichwort: Rückzug in die Idylle!

Julian lacht. Acht Stunden am Tag pflegt er Krebskranke. – „Rückzug in die Stille."

Ich stimme bei; mein Büro bei einer Organisation, die sich um Probleme der Dritten Welt kümmert, ist oft genug randvoll mit Dramen, auf die ich keine Antwort weiß. Verweigerte Aufenthaltsgenehmigung für einen nigerianischen Studenten, kein Asylrecht für vietnamesische Flüchlinge, Verhaftung eines befreundeten Priesters in Mindanão, Hilferuf um Medikamente aus Birma, Flugzeugtod eines Bischofs in Kalimantan... Schicksale, Erwartungen, Vergeblichkeiten.

Wenn ich endlich nach Hause komme, ist der erste Weg immer der Weg um das Haus. Weg der Einstimmung, der Heilung. Gespräch mit unseren Blumen:

Wie schön du blühst, Papageientulpe!

Liebes Lungenkraut, ich habe ja nichts gegen dich, aber du erstickst mir den ganzen Polsterphlox!

Zierpflanzenbaum – wir haben uns mit dir doch so viel Mühe gegeben. Warum kommst du nicht? Ich geb dir noch vier Wochen ...

Ach, mein ewig verlaustes Sorgenkind Rose! Sobald ich Zeit habe, wirst du gespritzt.

– Seid nicht böse, wenn ich mit der Schere komme; aber einen kleinen Strauß für Julians Schreibtisch sollte es doch geben!

Es trifft zu, ich „rede" mit unseren Blumen, und sie reden mit mir durch ihre große, belebte Stille. Manchmal habe ich das Gefühl, als würden sie mich auf irgendeine wunde Stelle aufmerksam machen, Ungeziefer, zu wenig Feuchtigkeit, von Mäusen abgenagte Wurzeln ... Sie drücken ihr Unbehagen aus wie Kinder, die noch nicht sprechen können: durch Fehlverhalten.

Wenn ich Unkraut jäte, den Boden lockere oder verblühte Pflanzen abschneide, entdecke ich mich dabei, unseren Blumen die Überlebensordnung zu erklären:

Na hör mal, du nimmst den Glockenblumen wirklich alles Licht! Ich muß dir ein paar Blätter ausreißen; deine Nachbarn haben schließlich auch ein Recht auf Leben!

Liebe Vergißmeinnicht, ich habe zwar absolut nichts dagegen, daß ihr euch vermehrt, aber wenn ihr meine ganzen Primeln erstickt, ist das unfair!

Du bist ein ganz widerliches Unkraut! Nistest dich mitten im Nelkenpolster ein, damit ich dich ja nicht herausreißen kann, ohne die Nelken mit herauszureißen!

Ihr schießt aber kräftig ins Kraut, ihr Eisenhut! Nächstes Jahr werde ich euch umpflanzen. Die weiße Rose bekommt überhaupt keine Luft mehr!

Gloria Dei; das ist jetzt das dritte Jahr, daß du diesen Vorzugsplatz neben dem Wasser hast. Und noch immer keine Blüte! So geht das nicht weiter!

So ungefähr! Es verblüfft mich immer wieder zu sehen, wie in der Natur das Recht des Stärkeren gelebt wird, nichts sonst. Am Saum der Wiese habe ich ein paar wuchernde Steingartenpflanzen eingesetzt, mitten ins Gras; jetzt beobachte ich mit Neugier: wer wird siegen? Das Gras oder die Pflanzen? Hier mische ich mich nicht ein. Die Pflanzen müssen selbst verstehen, daß ich sie vor den Übergriffen der Wiese nicht schützen kann; sie müssen ihre eigenen Kräfte entwickeln!

Eine Zeitlang ging alles gut; dank meiner Starthilfe an Humus und Dünger waren die Steingartenpflanzen anfangs im Vorteil. Doch dann rächte sich die Wiese. Als ich eines Abends nach Hause kam, hingen die Pflanzen im Würgegriff eines schnellwachsenden Unkrauts mit Tausenden und Tausenden von winzigen blauen Blüten.

Ich konnte nicht mehr zuschauen. Fluchend kam ich meinen Pflanzen zu Hilfe.

Gang durch den Garten am Abend: Gefühl der Heimkehr; Austausch von Stille! Zärtlichkeit gegenüber diesem emsigen, sanften Leben. Dankbarkeit dafür, Anteil zu haben an dem, was wächst. Nach den Widersprüchen des Tages einen Augenblick ruhig dazustehen wie ein Strauch im Durchzug der Vögel! Schauen, ja – aber noch mehr: sein! Die Wurzeln spüren und den Wind. Sich einlassen in das Glück der Stunde, den einen, einzigen Tag der Irisblüte! Standzuhalten dem Erlöschen der Farben, dem Erlöschen des eigenen Gesichts. Hoch oben treiben die Baumwipfel den Sternen zu ...

Spätnachmittag

Lange Schatten fallen auf den hellen Weg
und die Sonne schickt noch letzte Abschiedswärme
und das dünne Zwitschern eines Vogels ist, als ob es lärme
und als stehl es etwas von der Stille weg.
Menschen auf zehn Schritt Entfernung
sind wie aus ganz andern Welten
und fast möchte man die welken Blätter schelten,
dass sie rascheln und die letzten Sonnenstrahlen stören.
Und man möchte nur die Veilchen wachsen hören.

Selma Meerbaum-Eisinger

Marlene Dietrich

Harmonie

Eines meiner Lieblingsstücke auf der Geige war die *Serenade* von Giuseppe Torelli. Ich spielte sie vor und nach meinen Stunden; sie war mein Wiegenlied. Jedes Mal, wenn ich sie spielte, blieb meine Mutter an der offenen Tür stehen, manchmal kam sie auch herein, setzte sich ans Klavier und begleitete mich. Ich bestrafte also vor allem mich selbst, als ich beschloss, dieses Stück nicht mehr zu spielen, solange der Krieg dauerte. Als Ersatz diente mir die *Berceuse* von Gounod. Je lieblicher die Melodie war, desto besser gefiel sie mir. Da meine Geigenlehrerin liebliche Melodien verabscheute, brachte ich sie mir selbst bei, und da ich sie auch sonst nie hörte, spielte ich sie auf meine Weise und versah sie mit einer süßlichen Melancholie. Es hieß, ich hätte eine außergewöhnliche Begabung für die Geige. Das machte meine Mutter sehr glücklich und sie gratulierte mir zu jedem noch so geringen Erfolg auf diesem Gebiet. Ich liebte den zarten, klagenden Klang der Saiten, aber die langweiligen Etüden, die einzigen Stücke, die ich spielen durfte, mochte ich nicht. Beim Klavier war das anders. Meine Klavierlehrerin schwärmte für Chopin, Brahms und die Melodien der großen – und weniger großen – romantischen Komponisten. Doch die größten unter ihnen reichten völlig, um die Unterrichtsstunden auszufüllen. In der restlichen

Zeit spielte ich Tonleitern und Übungen, die unendlich viel leichter als auf der Geige waren. Auf der Klaviatur sind die Noten vorhanden, man braucht sie nicht zu bilden, es genügt, die Tasten anzuschlagen, ohne sich zu fragen, ob die Töne stimmen. Auf der Geige dagegen zweifelt man ständig an der Reinheit des Tons, auch wenn der Lehrer anerkennend mit dem Kopf nickt.

Hätte ich mit dem Klavier statt mit der Geige angefangen, wäre ich vielleicht eine gute Konzertpianistin geworden. Doch wenn ich Geige übte, wurden mir all die Schwierigkeiten bewusst, und ich machte mir kaum Illusionen. Im Übrigen standen die gesellschaftlichen Vorurteile der damaligen Zeit einer Karriere als Berufsspielerin im Weg. Meine Lehrerin war da allerdings anderer Meinung; vielleicht wollte sie mich anspornen, auf jeden Fall sagte diese blasse, ranke, schlanke Frau mit den schönen Musikerhänden, aber einer übermäßig langen Nase (wenn sie Geige spielte, war ihr Kopf nur ein endloser, nach links über das Instrument geneigter Nasenfortsatz), mir ständig großen Ruhm auf dem Podium, in der Welt der Musik voraus. Einen Ruhm, den man nicht kaufen konnte, den man nur durch Arbeit, Arbeit, Arbeit erlangte. Sie wiederholte dieses Wort immer dreimal.

Sie sah mich an und sagte: »Weißt du, wenn man nicht schön ist, bettet das Leben einen nicht auf Rosen. Aber wenn man die Musik liebt, wenn man sich ihr mit Talent und Ausdauer widmet, wird das Leben schön und das Aussehen zählt nicht mehr.«

Ich war sicher, dass sie bei diesen Worten nicht nur an sich selbst dachte, sondern auch an mich. Ich war nicht hübsch, das wusste ich, und ich mochte diese Frau, die den Mut hatte, so mit mir zu sprechen.

Man muss eben den ganzen Menschen
der einen, ureinzigen Sache widmen.
Das ist der Weg,
wie etwas werden kann und wird.

Paula Modersohn-Becker

Paula Modersohn-Becker

Voller Leben

An Otto und Helene Modersohn
Paris, 9 Rue Campagne Ire
Anfang Mai 1900

Liebes Ehepaar Modersohn,

nun wird mir des Schweigens auch zu viel. Ich *muss* reden, und tüchtig reden. Ich bin nämlich in der [Welt-]Ausstellung gewesen und die ist einfach *kolossal* fein. Ich glaube, so etwas gibt es nicht so bald wieder. Alle Nationen sind wundervoll vertreten. Ich war gestern und heute da und diese Tage bilden einfach eine Epoche in meinem Pariser Leben. Sie *müssen* einfach herkommen. Sie *dürfen* dies gar nicht an sich vorbeigehen lassen. Gerade Sie mit Ihren Farben. Ich glaube, Sie werden kolossale Anregung finden. *Liebe* Frau Modersohn, können Sie mit. Hier gibt es so wundervoll viel Schönes zum Lachen. Ich möchte es Ihnen so gerne alles zeigen. Wie geht es wieder mit Ihren Kräften nach diesem kalten scheußlichen Winter, der aller Orten Influenza und Krankheit gebracht hat? Können Sie schon wieder solch eine lange Reise vertragen? Sonst, wenn es nicht geht, schicken Sie Ihren Mann alleine fort. Er wird natürlich nicht wollen ohne Sie, seien Sie aber unerbittlich und streng. Geben Sie nicht nach. Eine Woche genügt. Dann kehrt er voll von Eindrücken zu Ihnen heim. Herr Modersohn, schreiben Sie mir doch umgehend, wann Sie kommen. Kosten wird es nicht viel. Ich miete im Voraus dann unter der Hand irgendein Zimmer von einer abreisenden Malerin.

Mittags wissen wir billige Crémerien, wo es gut für 1 fr zu essen gibt. – – – Das Schönste für mich sind die Franzosen. Der Cottet sagte mir: »Unser Volk ist eines der Dekadenz, aber in dieser Dekadenz leben einige Naturen unabhängig davon. Und das gestaltet ihre Kunst zu so einer eigenen.« Und das ist wahr. Jetzt fühle ich, wie wir in Deutschland noch lange nicht genug losgelöst sind, nicht über den Dingen stehen und noch zu viel an der Vergangenheit kleben. Ich fühle jetzt Liebermann, Mackensen und Consorten. Sie alle stecken noch viel zu sehr im Konventionellen. Unsere ganze deutsche Kunst. Ich kann ja nicht endgültig urteilen, der heutige Eindruck heute war aber traurig. Zu, zu schade, dass Sie keine Bilder hier haben. Ich glaube, das hätte sich noch machen lassen. Ich hätte sie alle so gerne hier gesehn. Wissen Sie, Sie sind einer, der sich durch diesen Berg der Konvention hindurchgearbeitet hat. Alles andere fällt von Ihnen ab. Ich hoffe ganz riesig auf Ihre Zukunft. Entschuldigen Sie, dass ich Ihnen das so ins Gesicht sage. Ich musste es mir aber mal von der Leber wegsprechen. Ich habe es so oft gedacht. Sie, vielleicht Heinrich Vogeler, wenn er über den Berg hinwegkommt, und ein Meißener, Zwintscher, ein ganz anderer, von Ihnen halte ich viel. Die andern kenne ich vielleicht nicht oder verstehe sie nicht und gebe mir auch keine Mühe, denn so ein Menschlein, das so im Wachstum begriffen ist wie ich im Augenblick, das muss zuerst auf seine eigenen Arme und Beine denken. Ich habe ziemlich schwere Wochen hinter mir. Ich habe mich so gequält, da war es mir gestern in der Ausstellung wie eine Erlösung. Ich glaubte wieder an die Kunst in ihrer ganzen Größe und auch, dass mein Feuerlein einst ein wenig Wärme geben werde. Ich male jetzt nämlich auf der Akademie. Ahnen Sie, wie schwer das ist? Ich weiß nicht, ob unsere deutschen Akademien auch so sind, aber dies ist furchtbar. Man malt ganz ohne Farbe. Das A und das O sind die Valeurs, das andere ist alles Nebensache. Ich bin furchtbar ausgescholten worden. Ich dachte, die Valeurs wären meine gute Seite. Jetzt merke ich, wie viel ich da noch lernen muss. Ich werde wahrscheinlich bis zum 1. Juli aushalten. Zwei Wochen lang wird an einem halb lebensgroßen Akt gemalt (das heißt Licht und Schatten in den rechten Valeurs hingesetzt. Malen darf man das eigentlich nicht nennen). Aber ich glaube, mein Gefühl für Form wird dabei auch verfeinert. Kurz und gut: Ich will es aushalten. Ich halte überhaupt mehr von einem freien Menschen, der die Konvention bewusst von sich tut. Ich meine, er muss sie besessen haben und sich in ihr in Selbstzucht und Maß geübt haben. Dann kann er sich von ihr abwenden. Redet einer dagegen, der sie *nie* besessen hat, da habe ich leicht das Gefühl: Die Trauben hängen dem Fuchs zu hoch. Mir scheint, so ist es auch mit der Kunst. Mit dem so genannten »Ausleben« ist es, scheint mir, doch eine wackelige Sache. Wir müssen mal mündlich darüber sprechen. Wenn Sie aus diesen schriftlichen, unstilisierten Gedankensplittern etwas machen können, so rechne ich es Ihnen sehr hoch an. –

– Aber wieder zur Ausstellung, auch nur in Splittern, denn in mir purzelt es noch alles so durcheinander wie in dem Kaleidoskop, was wir als Kinder hatten. Also die Franzosen sind für mich das Feinste. Voran der Cottet. Da hat er einen [!] Triptychon, vom Luxembourg angekauft: Au pays de la mer. In der Mitte beim Schein einer hängenden Lampe Frauen und Kinder beim Abendbrot mit traurig wartenden Gesichtern, hinten durch die Fenster schimmernd blau das Abendmeer. Links ein Stück Boot mit Schiffern auf stürmendem Meer, rechts der abendliche Strand mit harrenden Frauen und Kindern. Eine Tiefe der Farbe, eine ornamentale Größe und zarte seelische Auffassung sprechen aus dem Bilde. Ein anderes: ein Schimmel auf einer Abendwiese, ein drittes drei schwarze Frauen am Strande. Er ist ein feiner Kerl, rothaarig, rotbärtig, voller Leben. Ich habe ihn leider nicht wieder gesehn. Als er zu mir kam, war ich leider nicht zu Hause. Aber nächste Woche vielleicht. Doch habe ich jetzt kaum Mut. Ein anderer feiner Kerl ist der Lucien Simon mit einem eigenartigen, naiven, gesunden Formengefühl und Velasquez-Tönen in seinem Weiß und Schwarz. Dann war ein großes Bild, auch Männer am Meere, von Jean Pierre. In dem Bilde ist eine kleine Ecke, die drückt das aus, worauf ich strebe, eine tiefe farbige Leuchtkraft in der Dämmerung, farbiges Leuchten im Schatten, Leuchten ohne Sonne wie im Herbst und Frühling in Worpswede, hellblauer Himmel, große, weiße Wolkenballen und keine Sonne. Wie sehr ich mich auf die Heimat freue, kann ich

Ihnen gar nicht sagen. Das, was für mich das Schönste ist, das Tiefe, das Satte in der Farbe, sehe ich hier nicht. Es ist ein helles, heiteres, graziöses Land. –

Innerlich sehr nahe stehen mir die nordischen Völker, nicht so sehr in der Art, wie sie sich ausdrücken, als in dem Geist, aus dem sie arbeiten. Finnland ist auch vertreten mit höchst origineller Formauffassung. Zwar stört mich jetzt ein wenig der Mangel an Konstruktion all dieser nordischen Menschen. Stört ist nicht das richtige Wort, aber ich sehe ihn, während ich ihn früher nicht sah. Das ist, glaube ich, ein Pariser Fortschritt. Denn Konstruktion ist auch eines von den Schlagwörtern. – Segantini ist vertreten in großen, schönen, ernsten Bildern, ein wenig hart, aber aus einer tiefen Seele geschrieben. Der große Skulpturensaal hat mich vor der Hand nur schwindelig gemacht. Aber der Rodin, der ist ein Titane. *Wie* der die Form fühlt und die Bewegung in jedem Gliede, und wie doch das Ganze in Ruhe und Abgeschlossenheit daliegt. Ja, man ist glücklich, so etwas schauen zu dürfen. Man muss es sich aber auch durch schwere Stunden verdienen. Im Luxembourg fange ich jetzt auch an, aus vielen Bildern etwas zu schöpfen, die mir im Anfang fremd waren, da sie aus so einem andern Gefühl als unserem deutschen geschaffen wurden. Das Leben hier ist überhaupt voll und schön und ich fühle es wundervoll vor mir liegen. Da will ich mich gerne schinden und plagen, wenn dann von Zeit zu Zeit meine Seele ein Abendlied singen kann. –

Liebe, Glück und Leidenschaft

Liv Ullmann

Holz spalten

Wann fühlst du dich am glücklichsten?», frage ich einen Mann, dem ich sehr zugetan bin. Wir sind im neuen Sommerhaus. Von einem bedrückend grauen Himmel strömt der Regen herab. Ich hatte mir ausgemalt, wie wir, von der Sonne beschienen, nackt herumlaufen und Neues aneinander entdecken würden.

«Wann ich am glücklichsten bin?» Er blickt von seiner Lektüre auf. Er weiß nicht, worauf ich hinauswill. Vielleicht hat er Angst, nicht das zu sagen, was ich erwarte.

«Ich glaube, am glücklichsten fühle ich mich, wenn ich im Schweiße meines Angesichts einen Tag lang schwere physische Arbeit verrichtet habe. Wenn ich meinen ganzen Körper einsetzen musste, wenn ich mich völlig verausgabt habe, bis meine Glieder schmerzen – und dann endlich aufhöre. Hereinkomme und mich setze. Wenn ich mich in dem angenehmen Bewusstsein ausruhe, dass ich geschafft habe, was ich mir vorgenommen hatte.»

Er fragt nicht, wann ich mich am glücklichsten fühle. Aber am nächsten Tag weiß ich es. Wir haben üppig zu Mittag gegessen. Er lobt meine Kochkünste und greift mehrmals zu. Und wir liegen auf dem Bett und sind uns ganz nahe. Gesättigt von Zärtlichkeit. Es gibt keine Ängste und Fragen mehr zwischen uns. Nur eine stille, sanfte Freude am Körper des anderen, an seinen Händen, seinem Gesicht und dem, was es ausdrückt. Ich bin mit ihm zusammen, auf die einzige Art, die ich wirklich *erlebe*.

Es ist noch nicht dunkel, als ich aufwache. Er ist fort und ich gehe mit bloßen Füßen ins Wohnzimmer, das noch Wärme und Glück von seiner Gegenwart speichert, und sehe, dass im Kamin ein Feuer brennt. In der Küche finde ich Kaffee, den er für mich auf die Warmhalteplatte gestellt hat, daneben eine Tasse.

Ich habe nicht einen Faden am Leib, als ich in den Garten hinausgehe.

Es regnet noch immer und die Zehen drücken sich in nasse wohlriechende Erde. Und dann sehe ich ihn neben der Garage Holz spalten, damit ich genug für den Winter habe. Er hat einen Hackstock zurechtgehauen und eine Axt für das Haus gekauft. Ich weiß nicht, was er denkt, aber er wirkt so glücklich und braun und lebendig. Und plötzlich fällt mir ein, dass dies ja einer der Augenblicke ist, wo er sich am glücklichsten fühlt.

Und ich gehe wieder hinein und spüre, wie mein Glück meinen ganzen Körper durchströmt.

Das Leben ist wundervoll.
Es gibt Augenblicke, da
möchte man sterben. Aber dann
geschieht etwas Neues und
man glaubt, man sei im Himmel.

Edith Piaf

Jane Bowles

Einfache
Freuden

ch würde gern reisen", fuhr sie fort, „ungemein gern, und ich stelle mir vor, wie herrlich es wäre, das Leben einer Schauspielerin zu führen, ohne Kinder. Wissen Sie, das ist meine Natur, Männer lieben und Männer küssen."

„Niemand kriegt so viele Küsse, wie er sich wünscht", sagte der Reisende. „Die meisten Menschen fühlen sich zu kurz gekommen. Sie wären überrascht über die Zahl von Menschen in meinem Land, die zu kurz gekommen sind und gleichzeitig gut aussehen."

Sie wandte ihm das Gesicht zu. Die kleine Glühbirne gab gerade genug Licht, daß er in ihre schönen Augen sehen konnte. Die Tränen hingen noch in den Wimpern und vergrößerten ihre Augen so sehr, daß sie fast doppelt so groß wie sonst erschienen. Während sie ihn anblickte, hielt sie den Atem an.

„Ach, mein Liebster", sagte sie plötzlich. „Ich möchte mich nicht von Ihnen trennen. Gehn wir irgendwohin, wo ich Sie in meinen Armen halten kann." Der Reisende fühlte sich erregt. Sie hatte seine Hand ergriffen und drückte sie heftig.

„Wohin möchten Sie denn?", fragte er töricht.

„In Ihr Bett." Sie machte die Augen zu und wartete auf seine Antwort.

„Gut. Sind Sie ganz sicher?"

Sie nickte lebhaft mit dem Kopf.

‚Das hier‘, sagte er sich, ‚ist zweifellos eines der Dinge, an die man am nächsten Morgen nicht erinnert sein will. Ich werde es abschütteln wollen wie ein Hund das Wasser von seinem Rücken. Aber was kann ich tun? Es ist schon zu weit gediehen. Ich fahre ja bald nach Hause, und das Ganze wird nichts anderes sein als eine Seifenblase unter vielen anderen.‘

Er fühlte sich animiert und konnte sich das nicht erklären, denn er hatte nichts getrunken.

‚Eine Seifenblase unter vielen anderen‘, wiederholte er. Sein Innenleben war ziemlich unbestimmt, in der Regel aber gut unter Kontrolle. Zusammen gingen sie auf sein Zimmer.

„Ah“, sagte Señora Ramirez, nachdem er die Tür geschlossen hatte, „das macht mich glücklich.“

Sie ließ sich seitlich aufs Bett fallen, wie erschlagen. Ihre Füße ragten in die Luft, und ihr Keuchen erfüllte das Zimmer. Ihm wurde bewußt, daß er noch nie zuvor jemanden gesehen hatte, der sich so benahm, es sei denn völlig besoffen, und er wußte nicht, was er tun sollte. Gemessen an seinen eigenen Ansprüchen und denen seiner Freunde war sie keine Person, mit der man sich gern hinlegen wollte.

Sie nestelte im Nacken ihr Kleid auf. Die Brosche, mit der der Kragen zusammengehalten wurde, steckte sie hinter sich ins Kissen.

„So viel Fett“, sagte sie, „so viel Fett.“ Sie lächelte ihn sehr zärtlich an. Das erregte ihn aus irgendeinem Grund, und er zog sich aus und legte sich neben sie ins Bett. Er war kalt

wie ein Fisch und spindeldürr, aber da sie eine wahrhaft leidenschaftliche Frau war, bemerkte sie weder das eine noch
das andere.

„Wollen Sie das hier wirklich zu Ende bringen?", fragte er,
denn es war ihm unmöglich, neue Worte für eine Situation
zu finden, die so grundverschieden war von allem, was er
bisher erlebt hatte. Sie ließ sich auf ihn fallen und berührte
sein Gesicht und seinen Hals, fieberhaft vor Erregung.

„Mein Gott!", sagte sie. „Mein Gott!" Sie waren mitten
im Liebesakt. „Zwanzig Jahre lang habe ich für diesen Augenblick gelebt, und ich kann mir nicht vorstellen, daß der
Himmel herrlicher sein kann."

Der Reisende bekam von dieser Bemerkung nicht viel mit.
Sein Gesicht war im Kissen vergraben, und er fühlte inmit-
ten seiner Lust Gewissensbisse. Als alles vorbei war, sagte sie:
„Das und nichts anderes möchte ich ständig tun." Sie strei-
chelte seine Hände und lächelte ihn an.

„Sind Sie auch glücklich?", fragte sie.

„Ja, gewiß", sagte er. Er verließ das Bett und ging auf den
Patio hinaus.

‚Sie war bestimmt in einer schlechten Verfassung', dachte
er. ‚Es war fast wie der Tod.' Er wollte nicht weiter darüber
nachdenken. So lange wie möglich blieb er draußen beim
Springbrunnen. Als er zurückkam, stand sie vor dem Kommo-
denspiegel und versuchte, ihr Haar in Ordnung zu bringen.

„Ich schäme mich, so wie ich aussehe", sagte sie. „Ich sehe
nicht so aus, wie ich mich fühle." Sie lachte, und er sagte ihr,

daß sie bestens aussehe. Sie zog ihn wieder aufs Bett herab. „Schicken Sie mich nicht auf mein Zimmer zurück", sagte sie. „Ich liebe es, hier bei dir zu sein, mein Schatz."

Als der Reisende am nächsten Morgen aufwachte, dämmerte es schon. Señora Ramirez lag noch neben ihm und schlief laut schnarchend. Ihr Arm lag hinter ihrem Kopf auf dem Kissen.

‚Du lieber Himmel', sagte der Reisende vor sich hin. ‚Nichts wie raus hier.' Er schüttelte sie mit aller Kraft.

„Mrs. Ramirez", sagte er, „Mrs. Ramirez, wachen Sie auf. Wachen Sie auf!" Als sie schließlich die Augen aufschlug, sah sie zu Tode erschrocken aus. Sie wandte sich ihm zu und starrte ihn eine Weile bestürzt an. Noch bevor er eine Änderung ihres Gesichtsausdrucks feststellen konnte, fuhr sie mit der Hand leicht über seinen Körper.

„Mrs. Ramirez", sagte er. „Ich mache mir Sorgen, daß vielleicht Ihre Töchter aufstehn und Krach schlagen könnten. Sie wissen doch, nach Ihnen jammern oder sonstwas tun. Ihr Platz ist vermutlich bei ihnen."

„Was?", fragte sie. Er hatte sich von ihr weg auf die andere Seite des Bettes gedreht.

„Ich möchte damit sagen, daß Sie jetzt, wo es hell ist, in Ihr Zimmer gelten sollten."

„Ja, mein Liebling. Ich gehe auf mein Zimmer. Sie haben recht."

Sie schlängelte sich zu ihm hinüber und legte die Arme um ihn.

„Ich sehe Sie später im Speisesaal und werde Sie anschauen und anschauen, weil ich Sie so sehr liebe."

„Seien Sie nicht verrückt", sagte er. „Sie wollen doch nicht, daß man in Ihrem Gesicht lesen kann. Sie wollen doch nicht, daß die Leute etwas davon ahnen. Wir müssen ganz kühl miteinander sein."

Sie legte die Hand aufs Herz.

„Ay!", sagte sie. „Ganz unmöglich."

„Aber Mrs. Ramirez. Bitte, seien Sie vernünftig. Hören Sie, Sie gehen auf Ihr Zimmer, und wir sprechen am Morgen darüber... oder zumindest später am Tag."

„Kühl kann ich nicht sein." Um das zu verdeutlichen, blickte sie ihm tief in die Augen.

„Ich weiß, ich weiß", sagte er. „Sie sind eine sehr leidenschaftliche Frau. Bei Gott! Wir sind ja auch in einem wahnwitzigen Spanierland."

Das achtzehnte
Sonett

Küss mich noch einmal, küss mich wieder, küsse
mich ohne Ende. Diesen will ich schmecken,
in dem will ich an deiner Glut erschrecken,
und vier für einen will ich, Überflüsse

will ich dir wiedergeben. Warte, zehn
noch glühendere; bist du nun zufrieden?
O dass wir also, kaum mehr unterschieden,
glückströmend ineinander übergehn.

In jedem wird das Leben doppelt sein.
Im Freunde und in sich ist einem jeden
jetzt Raum bereitet. Lass mich Unsinn reden:

Ich halt mich ja so mühsam in mir ein
und lebe nur und komme nur zu Freude,
wenn ich, aus mir ausbrechend, mich vergeude.

Louise Labé

Mascha Kaléko

Regenabend
zu
Zweien

Damals hatten wir gar kein Geld mehr. Aber auch nicht einen Pfennig.

Das letzte Honorar war für Stefans Studiengebühren draufgegangen und neues war noch nicht in Sicht. Der Kaufmann hatte schon an zwanzig Mark von uns zu bekommen, und auch an der Waschanstalt gegenüber drückten wir uns seit Tagen scheu vorbei ...

Ich war ziemlich hungrig und mißgestimmt nach Hause gekommen. Mein ganzes Essen waren zwei bunte Brötchen am Automatenbuffet gewesen, und wenn eine gebratene Taube versucht hätte, mir in den Mund zu fliegen, – ich hätte nicht nein gesagt.

Aber das kommt ja nur noch in ganz unmodernen Märchen vor.

Stefan hingegen machte es nichts aus, sich einmal nur auf geistige Genüsse einzustellen. Eine Pellkartoffel, sagte er, ist auch eine Gottesgabe. Er stand, wie immer um fünf, strahlend an der Haltestelle und winkte mir schon von weitem.

Es war ein trostloser Tag.

Seit Stunden schon schüttete der Himmel Regen, und immer, wenn man dachte, jetzt muß der Vorrat da oben doch endlich einmal aufgebraucht sein, – klatsch, kam eine neue Lieferung. Die Taxis patschten durch die Pfützen, und der

Wind tat, was sich für einen ordentlichen Wind schickt: er heulte… Der Zeitungsmann vorm Café hatte sich mit seinem Kram in einen Hausflur geflüchtet. Da stand er nun, machte einen jämmerlichen Eindruck und ein schlechtes Geschäft. Der Eissalon an der Ecke lag einsam und verlassen da.

Wir schlurrten untergefaßt über den glitschigen Asphalt. Meine klatschnasse Baskenmütze hatte ich abgenommen, und mein weißes Sommerkleid hing traurig an mir herunter. – So liefen wir nach Hause…

Wir bewohnten damals noch bei Frau Meilich ein Möbliertes, wie es im Buche steht. Frau Meilich aber war eine liebe, brave Frau und das Zimmer sauber und billig. An die Plüschgarnitur mit den Häkeldeckchen hatten wir uns allmählich gewöhnt, und der Silberpokal mit der Widmung des ‹Putlitzer Sportvereins 1910› war in das Zimmer des neuen Mieters gewandert. Es war also erträglich. Besonders, da wir uns sehr wenig im Zimmer aufhielten, denn die Tage vorher waren noch herrlich gewesen.

Nun aber goß es in endlosen Strömen, die Fenster sahen verweint ins Zimmer, und das Elektrische entblößte unbarmherzig die spießigen Möbel einer verflossenen Epoche. Unsere tropfenden Sachen baumelten zum Trocknen, und das ganze Zimmer roch nach Warteraum… Stefan stopfte sich am Schreibtisch eine ‹Selfmade›. So hatte er die Zigaretten getauft, die er sich aus einer verdächtig nach Seegras duftenden Tabakmischung zurechtdrehte. Ich hockte zusammengekauert in einer Talmulde unseres hügeligen Sofas, Beine hochgezogen, Arme über den Knien, machte ein dummes Gesicht und dachte gar nichts. – Da man aber, wie Stefan behauptet, immer irgend etwas denkt (folgt eine gründliche Analyse des menschlichen Denkapparates), muß ich wohl an ein ganz bestimmtes Garnichts gedacht haben. So oder so: meine Gedanken waren durchaus nicht vergnüglich.

«Möchtest du eine Zigarette?» fing Stefan an.

Ich muß schon sehr unglücklich aussehen, wenn Stefan mir eine Zigarette anbietet. Er mag nicht, daß ich rauche.

«Danke.»

«Danke ja oder danke nein?»

«Nein!»

Lange Pause. Wir sitzen da und schweigen uns an. Es ist ganz still im Zimmer. Nur ab und zu schlagen vereinzelt ein paar Regentropfen an das Fenster. Das hört sich an, als pickten Vögel mit harten Schnäbeln an die Scheiben. Der Regen ist fort, nur von der Dachrinne kommen noch langsam ein paar schwerfällige dicke Tropfen wie Nachzügler hinterhergelaufen.

Wir gehen beide an das offene Fenster. Die Neunundsechzig klingelt über die Schienen. Der Himmel ist erdbeerrosa und hat ein paar helle Wolken vorgehängt. Ansichtskartenhimmel mit der Überschrift ‹Sonnenuntergang›.

– «Komm, wir wollen ein bißchen vors Haus, dann kann die schlechte Stimmung hier zum Fenster hinausziehen. Gute Luft ist auch für seelische Katarrhe gesund.»

Unten stehen die Häuser da, frischgewaschen, mit Fenstern, blank wie Kinderaugen. Auf den klitschnassen Trottoirsteinen spiegelt sich ein bißchen Sonne, und es riecht wie nach einem Regen. Die Straßen entlang, vorbei an Schaufenstern: Trikotagen, Drogerie, Meyers Dauerwellverfahren, Schnellbesohlanstalt und ff. Delikatessen ...

«Eine Flasche Wermut jetzt wäre gar nicht übel, was meinst du?»

«Ach was.»

«Sag, habt ihr als Kinder auch manchmal ‹Entsagung› gespielt? – Kennst du gar nicht? Na, da haben wir uns vor die verführerischsten Auslagen gestellt und, nach dem Muster Fuchs und saure Trauben, im Tone höchster Verachtung gerufen: ‹Schokolade? – Hi ... mag ich nicht. Marzipan? – Pfui ... schmeckt ja gar nicht›, und so bei vielen Leckerbissen. – Schade, daß man schon zu groß dafür ist ...»

«Du, haben wir denn gar nichts mehr?»

– «Was meinst du ... Geld?»

«Hm.»

– «Was meine Vermögensverhältnisse anbetrifft: Barbestand gleich null.»

«Das ist nicht viel.»

– «Nein ... aber warte mal, mir fällt da ein, ich muß noch ein paar Briefmarken haben. Holla ... schau her: drei à fünfzehn, eine Fünfer und fünf Achter – macht insgesamt neunzig deutsche Reichspfennige, was sagst du nun?»

«Her damit, es ist kurz vor sieben, vielleicht bekomme ich noch was dafür. Spring du nur inzwischen hinauf, das regnet ja schon wieder.»

Wie ich mit meinen Einkäufen die Treppe hinauf will, es hat gerade noch zu einem Achtel Kaffee, beste Mischung, und einer Büchse Milch gereicht, kommt Stefan heruntergesaust. In jeder Hand zwei Selterflaschen. «Weißt du, daß wir dafür nochmal vierzig Pfennig bekommen, – was bin ich für ein Finanzminister?»

Also rasch noch zum Bäcker.

Das wird ja ein Luxussouper heute abend. In der Kaffeemaschine dampft es schon, und durch das Zimmer geht ein Duft von ‹Zuntz sel. Wwe., erste Mischung›. Wie hübsch die gelben Tassen auf der blauen Decke. Gemütlicher als vorhin. Will ich meinen. Und da draußen gießt es.

Wir saßen sehr vergnügt zusammen und fanden den Kaffee vorzüglich und den Kuchen ausgezeichnet. Dann legten wir eine Reveller-Platte aufs Grammophon, hörten begeistert zu, und es war bezaubernd. Wir begannen einen Foxtrott als Kanon zu singen, gaben es aber bald auf. Das Grammophon krähte sich ganz heiser, und als wir schon nichts Vernünftiges mehr hatten, holten wir ein paar uralte Schlager vor und spielten sie zu Ehren Vater Meilichs, dessen Photographie freundlich von der Wand herunterschielte, ‹Oh, Katharina› und ‹Wo hast du denn die schönen blauen Augen her› und ‹Eine kleine Seeehnsucht› und ‹Valencia› und noch viel mehr.

Und der Regen draußen dachte gar nicht daran, aufzuhören, das pruzzelte nur so an die Scheiben. Die Nadel surrte auf den alten, abgespielten Platten, wir summten dazu, saßen da und waren glücklich.

Denn wir hatten uns sehr lieb damals...

Ist das Herz voll Liebe,
bleibt kein Raum mehr für Angst,
Zweifel und Unentschlossenheit.
Und diese Furchtlosigkeit ist es,
die gute Tänzer ausmacht.

Anne Morrow Lindbergh

Brigitte Kronauer

Ehepaar
Dortwang

Bei einem Schrebergartenfest mit Tanz, Bier und Grill-würstchen gab es zwischen Herrn Dortwang und seiner Frau die wohl leidenschaftlichste Verständigung ihres ganzen zwanzig Jahre alten Ehelebens. Das Fest fand Ende September statt. Herr Dortwang, ein hagerer, grauköpfiger Mann, gehörte keineswegs dem Verein an. Er verbrachte seine freie Zeit hauptsächlich im eigenen, hinter dem Häus-chen des Paars gelegenen Garten. Auch seine Frau hatte, wie ihn, der Zufall zu den Kleingärtnern verschlagen oder eben die Fügung. Sie wurde in einem bestimmten Augenblick während des Festes, kurz nach ihrem Eintreffen, weiß und rot, abwechselnd in schneller gefährlicher Folge, wohl weil sie sich nicht entscheiden konnte, und erst als ihr das Wort »Schicksal« einfiel, nahm ihr großes, rundes Gesicht wieder natürliche Farbe an, nämlich das Inkarnat einer ironischer-weise permanenten leichten Entflammung wegen ihres Blut-hochdrucks.

Herr Dortwang war ein umständlicher Erzähler. Das störte vielleicht nur deshalb, weil seine Frau, wenn er nach Wör-tern zu suchen begann, was allerdings häufig vorkam, ihm schleunigst beisprang. Ob aus Hilfsbereitschaft oder reiner Ungeduld, ließ sich meist, wohl auch für sie selbst, nicht klar entscheiden. »Wir sind damals an diesem, diesem …«

»Fluß spazierengegangen« ergänzte Frau Dortwang, und genauso »Fluß spazierengegangen« wiederholte und vervollständigte dann Herr Dortwang. Auf jeden Fall mußte er es selbst noch einmal sagen, was den Vortrag nicht fesselnder machte. Fuhr er dann einmal anders fort »…Bach entlang gelaufen«, signalisierte das den Zuhörern schon ungewöhnliche Eigensinnigkeit. Allerdings passierte das hin und wieder.

Frau Dortwang war eine außerordentlich imponierende, energische Ehefrau, eine auch wegen ihrer Körperkräfte angesehene Altenpflegerin, die hinzuverdiente zum Gehalt ihres Mannes, der seine eigene klein Firma aufgegeben hatte und als Elektriker in einem größeren Betrieb arbeitete. Das kam vor allem dem achtzehnjährigen Sohn zugute.

Mit ihrem Gatten hatte Frau Dortwang keine Schwierigkeiten, mit diesem insgesamt, nicht nur im Sprechen, ein wenig schwerfälligen, nur langsam zum Wesentlichen kommenden Mann. Sie war es vor allem, die bestimmte, welche Beziehungen zur Umwelt unterhalten wurden, legte die Urteile über gemeinsame Bekannte fest und ordnete an, wann sie geändert werden durften und in welcher Weise. Sie verstand darüber hinaus, auch das annähernd mühelos, ihren Mann im noch privateren Zusammenleben zu dirigieren, sich seinen stets zeitraubenden Betrachtungen zu entziehen durch ein »Ah, ich muß schnell noch…« und ihn aus seinem Hang zur gelegentlichen, fast ins Schneckenhafte spielenden Melancholie aufzuschrecken durch laute Radiomusik oder hervorragend zubereiteten Heringssalat. Und so in allem anderen auch!

Herr Dortwang schien mit seiner tatkräftig-strammen Frau zufrieden. Meist sah man ihn ja nicht schwermütig, sondern herzlich lachend hinter blitzenden Brillengläsern, ja möglicherweise sogar spöttisch funkelten dann seine Augen, als begriffe er alles und amüsierte sich gelassen dabei. Sehr selten nur – und hatte man es einmal gesehen, war man mißtrauisch für immer geworden – stand dieses Lachen plötzlich still, setzte aus und wurde grimassenhaft wiederaufgenommen, abrupt funkelnd, herzlich usw.

Für Frau Dortwang existierte außer diesem Lachen noch ein Lächeln, und das brachte sie, nur dieses eine, diese eine Verfehlung, in ihrem Innersten und verschwiegen, zur Weißglut. Eine junge Bekannte, längst von ihr abgeurteilt, erzeugte, nach ihrer Verbannung, sobald der Name fiel, auf Herrn Dortwangs Gesicht ein Träumen. Es überflutete seine Wangen, seine Augen, sogar seine Stirn glättete sich dann, und das Schlimmste: Er ahnte es selbst anscheinend gar nicht, es widerfuhr ihm in aller Unschuld. Frau Dortwang sagte den Namen ab und zu zur Kontrolle. Sie konnte ihn mit noch so viel Verdammnis belegen: Herr Dortwang lächelte verzückt in zärtlichem Erinnern, obschon doch nie etwas Anstößiges zwischen den beiden vorgefallen sein konnte und man die Person niemals wiedergesehen hatte. Aber auch das ging mit den Jahren vorüber. Freunde der Familie, Kollegen des Mannes, Verwandte, die, wenn sie der Hafer stach, lebhaft und lüstern von üblichen Ehebrüchen erzählten, wußte sie in gewohnter Manier abzuschmettern durch Berichte über das Alten- und Pflegeheim, wo sich das Leben zeigte, wie es war, jenseits solcher Mätzchen.

An einem Abend Ende August, nachdem er den Rasen geschnitten und sich geduscht hatte, ging ihr Mann, als hätte er es irgendwo gelesen, zum Briefkasten und kam nicht mehr zurück. Die üblichen Nachforschungen ergaben nichts. Bei der Polizei wies man sie auf das Klassische des Falles hin. »Bangen«, »Hoffen«, »Zorn« waren die Wörter, die nun, ließen Mutter und Sohn verlautbaren, den Zustand der restlichen Familie kennzeichneten. Für Frau Dortwang stand bald fest, als man weder einen Verletzten, Toten oder Verirrten mit Gedächtnisverlust für sie aufgefunden hatte, daß ihr Mann auf und davon war, jeder Pflicht davongelaufen. O ja, wenn sie, arg bedrängt von Kreislaufbeschwerden, trotz aller Disziplin, ächzend auf ihrem Stuhl gesessen hatte, keuchend nachts im Bett (manchmal auch, um Entscheidungen zu beschleunigen): Wie konnte sie einstmals dann mit seiner Verzweiflung rechnen! In letzter Zeit hatte er nur still neben ihr ausgehalten, vielleicht aus vollem Herzen geistesabwesend hinter seinem ruhigen Gesicht. Und doch war dieser Streich zu unglaublich, als daß sie hätte kampflos resignieren können. Sie telefonierte, schrieb, wartete.

Ihr Sohn half dabei getreu. Fünf Wochen nach Herrn Dortwangs Verschwinden überredete er seine Mutter, ihn mit zu einem geselligen Abend im Schrebergartenverein

seiner neuen Freundin zu begleiten, der Zerstreuung wegen
und um endlich ein im Sommerschlußverkauf aufgrund der
Kleidergröße günstig ergattertes Leinenkostüm auszuführen.
Dort entdeckten sie beim zweiten Walzer auf der Tanzfläche
Herrn Dortwang, heiter eine junge, ihnen unbekannte Frau
umbalzend. Frau Dortwang rüstete sich, errötend und er-
blassend, zu Gefecht und Befehl. Da begegnete sie dem Blick
ihres Mannes.

Es war ein Blick, der durchaus konventionell Bestürzung,
Scham ausdrückte, auch Erleichterung darüber, daß sich
nun das Versteckspiel dem Ende zuneigte, aber ebenso, alles
ungerührt glasierend, die sanft unflätige Freude, sich einen
Traum bis zum Rand erfüllt zu haben, und Frau Dortwang
erkannte wankend und entmachtet die nie wiedergutzu-
machende Auflehnung, den an die Grundfesten gehenden
Verrat, und sie brach spektakulär zusammen wegen dieser
ersten Einsicht, nicht wegen der vergleichsweise läppischen
Konsequenz, die lautete: Korrektur ausgeschlossen, brach in
fast letaler Implosion zusammen, nicht einmal wegen dieser ersten Einsicht, vielmehr unter dem erstmals zündenden
und sofort und für immer letztmaligen Wort- und Regime-
wechsel per Blick, dann aber, noch bevor sich die Ambulanz
um sie bemühen mußte, fiel der unverzüglich Getrösteten
das Wort »Schicksal« ein und leistete Beistand. »Schicksal«,
sagte sie zu ihrem Sohn und in den folgenden Wochen bei
jeder Gelegenheit zu ihren Pfleglingen, der Gesichtsfarbe
nach konstant entflammt.

Die Zeit

Die Zeit zerstört und baut Paläste,
streut bunte Blumen auf die Flur,
verschlingt des Nachruhms Überreste
und lässt dem Enkel keine Spur.

Mit unersättlichem Behagen
nagt sie am Denkmal mancher Gruft;
zwar mildert sie des Unmuts Klagen
durch sie zerfließt der Gram in Luft.

Oft nährt, oft löschet sie die Flamme,
die Leidenschaft im Busen birgt;
oft untergräbt sie schlau am Damme,
womit Vernunft entgegenwirkt.

Sie kann, was Menschen selten können,
sie setzet Schranken jedem Schmerz,
vereint oft, was die Menschen trennen,
gießt Balsam in das wunde Herz.

Zwar wieget sie die stärksten Triebe
in Schlummer ein, nach Sturm und Braus;
doch die Erinnrung erster Liebe
tilgt selbst die Ewigkeit nicht aus! –

Gabriele von Baumberg

Isabel Allende

Klein-Heidelberg

So viele Jahre hatten der Kapitän und Señorita Eloísa miteinander getanzt, daß sie die Vollkommenheit erreicht hatten. Jeder fühlte die Bewegung des andern voraus, erriet die genaue Sekunde der nächsten Drehung, wußte den leichtesten Druck der Hand oder die Abweichung eines Fußes zu deuten. Sie waren in vierzig Jahren nicht einmal aus dem Tritt gekommen, sie bewegten sich mit der Präzision eines Paares, das daran gewöhnt ist, sich zu lieben und in enger Umarmung zu schlafen, deshalb konnte man sich so schwer vorstellen, daß sie nie ein Wort gewechselt hatten.

Klein-Heidelberg ist ein Tanzlokal in einiger Entfernung von der Hauptstadt, es liegt auf einem von Bananenpflanzungen umgebenen Hügel, wo die Luft nicht so schwül ist, und außer der bemerkenswerten Musik wird dort ein aphrodisisches Gericht mit Gewürzen aller Art geboten, das zwar zu gehaltreich für das heiße Klima ist, aber voll den Traditionen entspricht, die den Besitzer, Don Hilpert, inspirierten. Vor der Ölkrise, als man noch in der Illusion des Überflusses lebte und Früchte aus anderen Breiten eingeführt wurden, war der Apfelstrudel die Spezialität des Hauses, aber seit vom Erdöl nur ein Haufen unverschrottbaren Abfalls und die Erinnerung an bessere Zeiten übriggeblieben sind, wird der Strudel mit Guaven oder Mangos gebacken.

Die Tische stehen in einem weiten Kreis, der genug freien Raum für den Tanz läßt, sie sind mit grün-weiß karierten Tischtüchern bedeckt, und die Wände zeigen bukolische Szenen aus dem Landleben in den Alpen: Hirtinnen mit gelben Zöpfen, stramme Burschen und blitzsaubere Kühe. Die Musiker – in kurzen Lederhosen, wollenen Kniestrümpfen, Tiroler Hosenträgern und Jägerhütchen, die durch den Schweiß alle Pracht verloren haben und von fern aussehen wie grüne Perücken – sitzen auf einer Plattform, die von einem ausgestopften Adler gekrönt wird, dem von Zeit zu Zeit, wie Don Rupert behauptet, neue Federn nachwachsen. Einer spielt Akkordeon, der zweite Saxophon, und der dritte ackert mit Händen und Füßen, um alle Teile des Schlagzeugs zu bedienen. Der mit dem Akkordeon ist ein Meister seines Instruments und singt auch mit einer warmen Tenorstimme und leichtem andalusischen Akzent. Trotz seiner fabelhaften Tracht als Tiroler Schankwirt ist er der Liebling der weiblichen Stammgäste, und manch eine hätschelt die geheime Vorstellung, mit ihm in ein tödliches Abenteuer verstrickt zu werden, zum Beispiel ein Erdbeben oder ein Bombardement, in dem sie, von diesen mächtigen Armen umfangen, die dem Akkordeon so herzzerreißende Klagen zu entreißen verstehen, freudig den letzten Atem aushauchen würde. Die Tatsache, daß das Durchschnittsalter der Damen um die siebzig liegt, hindert nicht die Sinnlichkeit, die der Sänger erregt, eher fügt sie ihr den süßen Hauch des Todes hinzu. Die Kapelle beginnt ihre Arbeit nach

Sonnenuntergang und beendet sie um Mitternacht, außer an Sonnabenden und Sonntagen, wenn das Lokal sich mit Touristen füllt und die Musikanten weitermachen müssen, bis der letzte Gast sich im Morgengrauen verabschiedet. Sie spielen nur Polkas, Mazurkas, Walzer und Volkstänze aus Europa, als stünde das Klein-Heidelberg statt in der Karibik an den Ufern der Donau.

In der Küche regiert Doña Burgel, Don Ruperts Frau, eine wohlbeleibte Matrone, die nur wenige Gäste kennen, weil sich ihr Dasein zwischen Kochtöpfen und Gemüsebergen abspielt und darauf gerichtet ist, fremdländische Speisen mit inländischen Bestandteilen zuzubereiten. Sie hat den Strudel mit tropischen Früchten erfunden und jenes aphrodisische Gericht, das auch dem zerknitterten Greis die Manneskraft wiederzugeben vermag. Die Tische werden von den Töchtern des Wirtspaares bedient, zwei handfesten Frauen, und von einigen Mädchen aus dem Ort, alle mit runden, roten Wangen. Die übliche Kundschaft besteht aus europäischen Emigranten, die auf der Flucht vor einem Krieg oder vor der Armut ins Land gekommen sind, Kaufleuten, Landwirten, Handwerkern, liebenswürdigen, einfachen Menschen, die das vielleicht nicht immer waren, aber der Lauf des Lebens hat sie einander angeglichen in der wohlwollenden Höflichkeit vernünftiger alter Leute. Die Männer kommen in Fliege und Jackett, aber wenn die Hüpfer bei der Polka und die genossenen Biermengen ihnen das Gemüt erwärmt haben, legen sie ab, was überflüssig ist, und sitzen in Hemdsärmeln da. Die Frauen tragen fröhliche Farben in einer veralteten Mode, als hätten sie ihre Kleider aus dem Brautkoffer erlöst, den sie bei der Einwanderung mitbrachten. Von Zeit zu Zeit taucht eine Gruppe streitlustiger Jugendlicher auf, deren Eintritt der dröhnende Krach der Motorräder und das Klappern und Klirren von Stiefelabsätzen, Schlüsseln und Ketten vorausgeht und die nur mit dem einen Ziel herkommen, sich über die Alten lustig zu machen, aber es bleibt beim Geplänkel, denn der Schlagzeuger und der Saxophonist sind immer bereit, die Ärmel aufzukrempeln und Ordnung zu schaffen.

Sonnabends gegen neun Uhr, wenn alle schon ihre Portion aphrodisisches Gericht genossen haben und sich den Freuden des Tanzes hingeben, erscheint die Mexikanerin und setzt sich allein an einen Tisch. Sie ist eine aufreizende Fünfzigerin mit dem Körper einer Galeone – gewölbter Bug, breites Heck, Gesicht einer Galionsfigur –, die ein reifes, aber noch üppiges Dekolleté zur Schau stellt und eine Blume hinter dem Ohr trägt. Sie ist nicht die einzige, die als Flamencotänzerin gekleidet ist, aber bei ihr sieht es wesentlich natürlicher aus als bei den anderen Damen, denen mit weißem Haar und trauriger Figur, die nicht einmal ein anständiges Spanisch sprechen.

Wenn die Mexikanerin Polka tanzt, ist sie ein Schiff, das in stürmischen Wellen treibt, aber zum Walzertakt scheint sie in sanften Gewässern dahinzugleiten. So hatte der Kapitän sie manchmal im Traum gesehen und war mit der fast vergessenen Unruhe seiner Jugend aufgewacht. Es wird erzählt, der Kapitän sei bei einer nordeuropäischen Flotte gefahren, deren Namen keiner buchstabieren kann. Er war einmal Experte in alten Schiffstypen und Seewegen, aber diese Kenntnisse ruhten begraben in der Tiefe seines Gedächtnisses ohne die geringste Möglichkeit, in der heißen Landschaft dieser Region zu etwas nütze zu sein, wo das Meer ein friedliches Aquarium kristallklaren grünen Wassers ist und gar nicht geeignet für die Fahrten der verwegenen Nordmeerschiffe. Er war ein hochgewachsener, hagerer Mann, ein Baum ohne Blätter, mit straffem Rücken und noch festen Halsmuskeln, er trug seine Uniformjacke mit den goldenen Knöpfen und war in die tragische Aura der Seeleute außer Dienst gehüllt. Nie hörte man von ihm ein Wort in Spanisch oder irgendeinem anderen bekannten Idiom. Vor dreißig Jahren hatte Don Rupert gesagt, der Kapitän sei sicherlich Finne, wegen seiner eisfarbenen Augen und der unbeirrbaren Redlichkeit in seinem Blick, und da ihm niemand widersprechen konnte, nahmen sie es schließlich als gegeben hin. Im übrigen hat die Sprache im Klein-Heidelberg wenig Bedeutung, denn niemand geht dorthin, um Konversation zu machen.

Einige Verhaltensregeln sind ein wenig abgeändert worden, zum Nutzen und zur Bequemlichkeit aller. Jeder kann allein auf die Tanzfläche oder jemanden von einem anderen Tisch auffordern, und auch die Frauen sind unternehmungslustig genug, von sich aus auf die Männer zuzugehen. Das ist eine gerechte Lösung für die Witwen ohne Begleitung.

Niemand holt die Mexikanerin zum Tanz, denn natürlich würde sie das als Beleidigung betrachten, und die Herren müssen zitternd vor Spannung warten, für wen sie sich entscheidet. Sie legt ihre Zigarre in den Aschenbecher, entflechtet die gewaltigen Säulen ihrer übereinandergeschlagenen Beine, richtet ihr Mieder, geht auf den Auserwählten zu und pflanzt sich ohne einen Blick vor ihm auf. Sie wechselt den Partner bei jedem Tanz, aber früher behielt sie sich immer mindestens vier Tänze für den Kapitän vor. Er faßte sie mit seiner festen Steuermannshand um die Taille und führte sie über die Tanzfläche, ohne zu erlauben, daß sein Alter ihm die Luft nahm.

Die älteste Stammkundin des Tanzlokals, die in einem halben Jahrhundert nicht einen Sonnabend im Klein-Heidelberg versäumte, war Señorita Eloísa, eine winzig kleine Dame, sanft und zart, mit einer Haut wie Reispapier und einer durchscheinenden Haarkrone. Sie hatte sich so lange den Lebensunterhalt damit verdient, in ihrer Küche Bonbons zu kochen, daß das Schokoladenaroma sie ganz durchtränkt hatte und sie immer nach Geburtstag roch. Trotz ihres Alters hatte sie sich noch einige Bewegungen ihrer ersten Jugend bewahrt und konnte sich die ganze Nacht auf der Tanzfläche drehen, ohne daß die Löckchen sich aus ihrem Knoten lösten oder ihr Herz aus dem Takt kam. Sie stammte aus einem Dorf im Süden Rußlands und war zu Anfang des Jahrhunderts mit ihrer Mutter, die damals eine strahlende Schönheit war, ins Land gekommen. Sie lebten zusammen und kochten Schokoladenbonbons, der Unbill des Klimas, des Jahrhunderts und der Einsamkeit ahnungslos ausgesetzt, ohne Mann, ohne Familie, ohne große Erlebnisse und ohne andere Vergnügungen als das Klein-Heidelberg an jedem Wochenende. Seit ihre Mutter gestorben war, kam Señorita Eloísa allein. Don Rupert empfing sie mit großer Ehrerbietung an der Tür und geleitete sie an ihren Tisch, während die Kapelle sie mit den ersten Takten ihres Lieblingswalzers willkommen hieß. An einigen Tischen wurden Biergläser zu ihrer Begrüßung erhoben, denn sie war der älteste und zweifellos der beliebteste Gast. Sie war schüchtern und wagte nie, einen Mann zum Tanz aufzufordern, aber in all den Jahren hatte sie das auch nie zu tun brauchen, denn es wurde von jedem als besonderer Vorzug angesehen, sie bei der Hand zu nehmen, sie zart um die Taille zu fassen, um kein Knöchelchen zu zerbrechen, und sie auf die Tanzfläche zu führen. Sie war eine anmutige Tänzerin und hatte diesen süßen Duft an sich, der imstande war, jedem, der ihn in die Nase bekam, die schönsten Erinnerungen aus seiner Kindheit zu bescheren.

Der Kapitän setzte sich allein immer an denselben Tisch, trank mäßig und zeigte niemals die geringste Begeisterung für Doña Burgels aphrodisisches Gericht. Er klopfte mit dem Fuß den Takt, und wenn Señorita Eloísa frei war, forderte er sie auf, indem er vor ihr leicht die Hacken zusammenschlug und den Kopf neigte. Sie sprachen nie miteinander, blickten sich nur lächelnd an bei den Galopps und Figuren eines alten Tanzes.

An einem Sonnabend im Dezember, der weniger feucht war als üblich, kamen ein paar Touristen ins Klein-Heidelberg. Diesmal waren es nicht die disziplinierten Japaner, die in letzter Zeit öfter dagewesen waren, sondern hochgewachsene Skandinavier, hellhaarig und sonnengebräunt, die sich an einen Tisch setzten und fasziniert den Tanzenden zusahen. Sie waren fröhlich und lärmig, stießen ihre Biergläser aneinander, lachten viel und unterhielten sich lautstark. Die Reden der Fremden drangen bis zum Kapitän, der wie immer an seinem Tisch saß, und aus weiter Ferne, aus einer anderen Zeit und einem anderen Land erreichte ihn der Klang seiner eigenen Sprache, voll und frisch wie gerade erfunden, Worte, die er seit Jahrzehnten nicht mehr gehört hatte, die sich aber unversehrt in seinem Gedächtnis gehalten hatten. Ein neuer Ausdruck machte sein strenges altes Seefahrergesicht sanft, er schwankte einige Minuten zwischen der strikten Zurückhaltung, in der er sich wohlfühlte, und dem fast vergessenen Vergnügen, ein Gespräch zu führen. Endlich stand er auf und ging zum Tisch der Unbekannten, Don Rupert hinter der Bar beobachtete den Kapitän, der, leicht vorgebeugt, die Hände auf dem Rücken, mit den Neuankömmlingen redete. Plötzlich wurde auch den Gästen, den Serviererinnen und den Musikern klar, daß dieser Mann zum erstenmal sprach, seit sie ihn kannten. Er hatte eine Greisenstimme, heiser und stockend, aber er legte große Entschiedenheit in jeden Satz. Als er alles, was seine Brust bewegte, dargelegt hatte, herrschte eine solche

Stille im Lokal, daß Doña Burgel aus der Küche kam, um sich zu erkundigen, ob jemand gestorben sei. Endlich, nach einer langen Pause, schüttelte einer der Touristen die Verblüffung ab und rief Don Rupert heran, um ihn in holprigem Englisch zu bitten, er möchte doch helfen, die Rede des Kapitäns zu übersetzen. Die Skandinavier folgten dem alten Seemann zu dem Tisch, an dem Señorita Eloísa saß, und Don Rupert ging mit, nahm aber unterwegs die Schürze ab, weil er ahnte, daß ein feierlicher Akt bevorstand. Der Kapitän sagte einige Worte in seiner Sprache, einer der Ausländer übersetzte es ins Englische, und Don Rupert, mit roten Ohren und zitterndem Schnauzbart, wiederholte es in seinem nicht ganz einwandfreien Spanisch.

»Señorita Eloísa, der Kapitän fragt, ob Sie ihn heiraten wollen.«

Die zerbrechliche alte Dame saß da, die Augen rund vor Überraschung und den Mund hinter ihrem Batisttaschentuch verborgen, und alle hielten gespannt den Atem an, bis sie ihrer Stimme wieder mächtig war.

»Meinen Sie nicht, daß das ein wenig überstürzt ist?«, fragte sie leise. Ihre Worte wanderten über den Wirt und die Touristen zum Kapitän, und die Antwort nahm denselben Weg in umgekehrter Richtung.

»Der Kapitän meint, er hat vierzig Jahre gewartet, um es Ihnen zu sagen, und er kann nicht noch weiter warten, bis wieder jemand kommt, der seine Sprache spricht. Er sagt, Sie möchten ihm bitte jetzt antworten.«

»Nun ja, ich will«, flüsterte Señorita Eloísa, und niemand brauchte die Antwort zu übersetzen, weil alle sie verstanden hatten.

Don Rupert hob begeistert beide Arme und verkündete die Verlobung, der Kapitän küßte seine Braut auf die Wangen, die Touristen drückten ringsum allen die Hände, die Musiker mißhandelten ihre Instrumente zu einem dröhnenden Triumphmarsch, und die Gäste bildeten einen Kreis um das Paar. Die Frauen wischten sich die Tränen ab, die Männer stießen bewegt mit allen an, Don Rupert setzte sich hinter die Bar und verbarg den Kopf zwischen den Armen, von Rührung übermannt, während Doña Burgel und ihre Töchter mehrere Flaschen vom besten Rum öffneten. Dann stimmten die Musiker den Walzer von der schönen blauen Donau an, und alle verließen die Tanzfläche.

Der Kapitän nahm die Hand dieser sanften Frau, die er so lange ohne Worte geliebt hatte, und führte sie in die Mitte des Saales, und dort tanzten sie mit der Anmut zweier Reiher in ihrem Hochzeitstanz. Der Kapitän hielt sie mit derselben liebenden Sorgfalt, mit der er in seiner Jugend den Wind in den Segeln eines Schiffes eingefangen hatte, und führte sie über die Tanzfläche, als wiegten sie sich im ruhigen Wellengang einer Bucht, während er ihr mit seiner nach Wäldern und Schneestürmen klingenden Stimme alles sagte, was sein Herz bis zu diesem Augenblick verschwiegen hatte. Sie tanzten und tanzten, und der Kapitän fühlte, wie ihr Alter von ihnen wich, und bei jedem Schritt wurden sie heiterer und beschwingter. Eine Drehung nach der anderen, und die Akkorde der Musik wurden schwungvoller, die Füße schneller, ihre Taille schmaler, ihre kleine Hand in der seinen leichter, ihre Gegenwart immer unkörperlicher. Dann sah er, daß Señorita Eloísa zu Schleier, zu Schaum, zu Dunst wurde, bis sie nicht mehr wahrnehmbar war und endlich ganz verschwand, und er drehte und drehte sich mit leeren Armen, und sein einziger Partner war ein zarter Duft nach Schokolade.

Der Tenor machte den anderen Musikern Zeichen, sie sollten denselben Walzer für immer und ewig weiterspielen, denn er hatte erkannt, daß beim letzten Ton der Kapitän aus seinem Wahn erwachen und die Erinnerung an Señorita Eloísa sich endgültig verflüchtigen würde. Ergriffen blieben die alten Stammgäste des Klein-Heidelberg regungslos auf ihren Stühlen sitzen, bis endlich die Mexikanerin, deren Hochmut sich in barmherzige Zärtlichkeit verwandelt hatte, aufstand und behutsam auf die zitternden Hände des Kapitäns zuging, um mit ihm zu tanzen.

Allein

Die Stunden fliehn,
ich bin allein …
Das Feuer knistert im Kamin,
ich sitze stumm und regungslos,
die Hände ruhen still im Schoß –
ich denke dein.

Der Sturm fährt heulend durch die Nacht!
Wie ist mein tiefstes Sein erwacht
nach dir – nach dir!
O, wärst du hier!
Wie wollt ich dir so Liebes tun
und still an deiner Schulter ruhn.

Der Sturm fährt heulend um das Haus,
die Flammen glühen dunkel aus,
die Stunden fliehn erbarmungslos,
und meine Hände still im Schoss –
und könnten doch in deinen ruhn!
Wo weilst du nun? …

Thekla Lingen

Stationen,
Entwicklungen
und
Veränderungen

Marlene Dietrich

Wie
ein blassblaues
Band

Alle Erwachsenen fragen ein Kind erst nach seinem Namen, dann nach seinem Alter; doch nicht der Name, sondern immer nur das Alter sorgt für beifälliges Kopfnicken. Da die Zufriedenheit der Erwachsenen der Anzahl der Jahre zu entsprechen schien, machte ich mich gerne älter.

Mein Schicksal in der Schule war eigenartig und meiner Meinung nach unverdient. Ich wusste, dass, auch wenn noch so viele Jahre vergingen, ich doch immer zu jung bleiben würde; ich musste jemanden finden, der zu mir hielt, einen intelligenten Menschen, dem mein Alter gleichgültig war. Da trat Mlle. Breguand, Marguerite Breguand, in mein Leben.

Sie hatte dunkelbraune Augen, band ihre schwarzen Haare zu einem lockeren Knoten zusammen und trug immer eine weiße Bluse, einen schwarzen Rock und um ihre Taille einen schmalen Gürtel aus weichem Leder. An der Schule war sie die einzige Französischlehrerin französischer Herkunft – alle anderen Lehrer, für Französisch wie für Englisch, hatten die Sprachen jeweils nur an Ort und Stelle studiert. Mlle. Breguand sprach fließend Deutsch mit einem französischen Akzent. Sie unterrichtete die höheren Klassen, Schüler also, die bereits die Grundregeln der französischen Grammatik beherrschten.

Eines Tages, als ich während der Pause versuchte, mein Butterbrot zu vertilgen, sprach sie mich an. Ich stand ganz allein an einem der hohen Fenster im Schulflur und war trauriger als der Regen, der draußen fiel. Sie blieb vor dem Fenster stehen, blickte hinaus und fragte mich dann: »Hast du einen ernsten Grund, traurig zu sein?« Ich presste meine Lippen über dem schwer verdaulichen Bissen meines Brotes fest zusammen und schüttelte den Kopf. »Dann ist es eine Sünde, traurig zu sein.« (Sie sprach Deutsch, sagte das Wort »Sünde« aber auf Französisch.) In diesem Augenblick klingelte es, die Pause war vorbei, und sie ging fort.

Am nächsten Tag zur selben Stunde kam sie wieder zu mir; ich antwortete auf alle ihre Fragen. Jeden Tag kam sie nun zur selben Stunde an denselben Ort. Mein Alter schien sie nicht zu kümmern: Wichtig war ihr offensichtlich nur, dass ich da war und dass wir miteinander sprachen. Sie war so glücklich, sich auf Französisch mit mir unterhalten zu können. Wenn es läutete, trug ich ihre Bücher hinter ihr her. Sie wandte den Kopf, um mit mir zu sprechen, und manchmal blieb sie mit einem kleinen Ausruf der Überraschung über meinen umfangreichen Wortschatz stehen. Schließlich trat sie in ihre Klasse, sah mich an und schloss die Tür. Glückstrahlend lief ich dann vor dem letzten Klingeln durch die leeren Korridore in meinen Klassenraum.

Sie vertrieb meine Einsamkeit, meine kindlichen Sorgen, meine Traurigkeit. Sie verkörperte meine Wünsche und gleichzeitig deren Erfüllung. Ich verbrachte meine ganze freie Zeit damit, mir Geschenke für sie auszudenken: blau-weiß-rote Bänder, die meine Mutter beim französischen Ball in ihrem Haar getragen hatte; französische Landschaften, die ich aus alten Magazinen ausschnitt; einen Strauß Maiglöckchen zum 1. Mai; eine Kornblume, ein Maßliebchen und einen Klatschmohn zum 14. Juli. Ich kaufte in Frankreich hergestellte Weihnachts- und Neujahrskarten und träumte davon, ihr ein französisches Parfüm zu schenken, aber meine Mutter sagte, dass zu kostspielige Geschenke Mlle. Breguand in Verlegenheit brächten, und dass ich geduldig warten müsste, bis ich ein wenig älter wäre. Mlle. Breguand wartete oft mit mir vor der Schule, wenn meine Gouvernante zu spät kam, und manchmal begleitete sie uns auch ein Stück, so lange, bis sie die begonnene Geschichte zu Ende erzählt hatte.

Niemals vergaß sie, mir am letzten Schultag vor den Ferien ihre Adresse zu geben, die sie auf eine aus ihrem Notizbuch herausgerissene Seite geschrieben hatte. Sie hatte meine geheimsten Hoffnungen erraten und wusste, wie sie meinen Kummer heilen konnte.

Endlich kam der Tag, an dem ich eine ihrer Schülerinnen wurde. Endlich war ich in ihrer Klasse. Doch sie schenkte mir nicht mehr Aufmerksamkeit als den anderen Kindern. Manchmal warf sie einen Blick in meine Richtung, als wollte sie sich meiner vergewissern. Unsere Vertrautheit schwebte wie ein blassblaues Band in der unbeweglichen Luft der Klasse und erfüllte mein Herz mit jenem Glücksrausch, den die Dichter preisen und der andere Menschen nicht rührt. Nach der Schule lief ich schnell nach Hause, um an meinen französischen Aufsätzen zu arbeiten, herrliche Ausdrücke zu finden, die sie in Erstaunen versetzen würden, und zu versuchen, das Beste aus einer Sprache herauszuholen, deren Reichtum sie immer rühmte. Ihre in Schönschrift und mit roter Tinte geschriebenen Anmerkungen enthielten im Telegrammstil abgefasstes, maßvolles Lob, das mir zärtliche Blicke meiner Mutter eintrug. Dank Mlle. Breguand war die Schule kein Gefängnis mehr, sondern eine Art große Stadt, in der ich meine heimliche Liebe zu finden wusste. Diesen ganzen Winter und Frühling ging ich jeden Morgen leichten Herzens zur Schule bei dem Gedanken, dass wieder ein glücklicher Tag vor mir lag.

Traurigsein ist wohl etwas Natürliches.
Es ist wohl ein Atemholen zur Freude,
ein Vorbereiten der Seele dazu.

Paula Modersohn-Becker

Krankgeschrieben

Man liegt im Bett mit einer Halskompresse,
Erschöpft und blaß ist man heraufgeschwankt.
Man ist des ganzen Hauses Interesse,
Und jemand sorgt, daß man das Fieber messe.
Man fehlt heut im Büro. – Man ist ‹erkrankt›.

Man fühlt sich wohl auf weichen, weißen Kissen.
– Von Zeit zu Zeit tut irgendwo was weh –.
Und diese Schmerzen streicheln das Gewissen,
Heut einmal seine Pflicht nicht tun zu müssen.
… Dies sühnt man außerdem mit Fliedertee.

Man sieht die Möbel an und die Gardinen.
– Man kennt sein Zimmer nur vom Abend her –.
Am Tage, wenn es hell und lichtbeschienen,
Da ist man irgendwo, um zu verdienen.
Und abends gibt es keine Sonne mehr.

Durchs Fenster dringen Stimmen von Passanten
Und der Vormittagslärm von Groß-Berlin.
Man wird besucht von Freunden und Bekannten.
Zweimal am Tage kommen die Verwandten
Und dreimal täglich kommt die Medizin …

So gegen elf hört man die Bolle-Glocken,
Zuweilen läutet's an der Eingangstür.
Ein Reisender empfiehlt uns Mako-Socken.
Vom Hof her klingt des Scherenschleifers Locken
Und auch der Leiermann ist wieder hier.

Man liegt im Bett. Und draußen ‹pulst das Leben›
– Wie es so herrlich in Romanen heißt.
Man hat sich diesem Zwange gern ergeben
Und wird gesund mit leisem Widerstreben,
Als wär man in die Kindheit heimgereist …

Mascha Kaléko

Doris Lessing

Alles wegen der Kinder

Aber es hatte *bestimmt* einmal ein Mädchen voll vitaler Energie und Eigenständigkeit gegeben (da war zum Beispiel das Jahr in Moçambique gewesen, das sie bewußt, fast theatralisch als *jeune fille* verbracht hatte); ein Mädchen mit dem Temperament der Rothaarigen (man hatte sie seit frühester Kindheit zu diesem Temperament beglückwünscht, *daran* konnte sie sich sehr deutlich erinnern); ein Mädchen, das – sie wußte es noch genau – sich bei jeder Gelegenheit von den anderen abgehoben hatte, nicht nur wegen ihrer auffallenden Haarfarbe, sondern wegen ihrer Vornehmheit und ihres Auftretens – also, war davon etwas falsch? Täuschte sie sich mit dieser Beschreibung vielleicht selbst? Nein, das glaubte sie nicht. Dieses Mädchen, dem verschiedene Männer intensiv den Hof machten, hatte Michael geheiratet. Nachdem man zuerst ein Jahr zusammen gelebt hatte (Phase eins). Sie waren ein attraktives junges Paar gewesen und Mittelpunkt eines Kreises anderer Paare, die noch nicht geheiratet hatten oder kurz davor standen, oder die verheiratet waren, denen es aber – an Charme fehlte? An Persönlichkeit? Dabei war ihre Ehe ein sympathisches und beinahe schrullenhaft wirkendes Opfer an die Konvention gewesen; sie hatten sich weiterhin wie ein Pärchen benommen, das zusammen lebt, verliebt, sich liebend, liebenswert. Beim ersten Kind war es etwas anders geworden, aber nicht viel. Das Baby (heute Stephen) war dem Leben eines attraktiven jungen Paars einverleibt worden, das intensiver lebte als andere. Das Baby hatte sie zu Parties begleitet, war mit ihnen verreist, hatte sie, Kate, nicht davon abgehalten, an einer Vorlesungsreihe über sarazenische Einflüsse auf die provençalische Dichtung teilzunehmen. Es stimmte, daß es schwer gewesen war, so weiterzuleben, als hätte sich nichts geändert, nachts aufgeweckt zu werden, morgens früh aufstehen zu müssen und immer an den Stundenplan des Kleinkinds gebunden zu sein. Aber damals schien diese plötzliche Umstellung ihrer Gewohnheiten nicht das entscheidende – wie später. Als das erste Kind ein Jahr alt war, wurde sie wieder schwanger. Vater und Mutter bildeten sich ein, sie könnten auch mit zwei Kindern so weiterleben wie bisher.

Jeder hätte ihnen sagen können, daß das eine Illusion war. Die wirklich einschneidende Veränderung kam nicht mit dem ersten, sondern mit dem zweiten Kind. (Heute eine junge Frau namens Eileen.) Mit einem Kind waren sie ein junges Ehepaar gewesen, das den närrischen Konventionen, den Forderungen der Gesellschaft noch strahlend, ohne Zwang Tribut zollte. Beim zweiten Kind hatten sich die Akzente plötzlich verschoben. Als sie sahen, wie anders ihr Leben geworden war, beschlossen sie, das dritte Kind zu bekommen, «um es hinter sich zu bringen» – eine ganz andere Einstellung. Und bald hatten sie ein Haus, eine Hypothek, ein kleines Auto, eine Putzfrau, die regelmäßig kam, ein Leben, das regelmäßig ablief, alles wegen der Kinder. Es war erstaunlich, wie lange dieses Paar in dem Glauben lebte, all die unwesentlichen Dinge in seiner Umgebung, Auto, Haus und so weiter, hätten mit ihnen selbst überhaupt nichts zu tun – sie wären nicht ihretwegen da, sondern nur wegen der Kinder.

Kate eignete sich schwer zu erringende Tugenden an und lernte Selbstdisziplin. Wenn sie heute auf jenes schöne Mädchen zurückblickte, das von der Mutter verwöhnt, vom Großvater verwöhnt und mit Komplimenten überhäuft wurde, das alle mit jener leicht ironischen Verehrung behandelten, wie man sie jungen Mädchen entgegenbringt, und wenn sie es dann mit der jungen Frau verglich, die nur fünf Jahre später daraus geworden war, hätte sie am liebsten herausgeschrien, es sei alles nur ein Gaunertrick, ja, der ungeheuerlichste Zynismus gewesen. Wenn sie zurückblickte, kam ihr das junge Mädchen wie eine weiße Mastgans vor. Nichts in der Huldigung, die ihr Großvater der Weiblichkeit erwies, nichts in der Art, wie ihre Mutter sie behandelte, hatte sie auf das vorbereitet, was sie lernen mußte, und zwar bald.

Mit drei kleinen Kindern, und dann mit vieren, hatte sie sich Eigenschaften erkämpfen müssen, die nicht einmal zu ihrem Wortschatz gehört hatten. Geduld. Selbstdisziplin. Selbstbeherrschung. Selbstverleugnung. Schlichtheit. Anpassungsfähigkeit an andere – das in erster Linie. Das immer. Diese Tugenden, die man braucht, um mit einem beschränkten

Einkommen vier Kinder aufziehen zu können, eignete sie sich langsam an. Sie hatte sich diese Eigenschaften bereits angeeignet, ehe sie daran dachte, ihnen einen Namen zu geben. Sie konnte sich noch deutlich an den Tag erinnern, als ihr beim Lesen eines alten Romans bestimmte Worte auffielen, die ihr altmodisch vorkamen, und sie dachte: Na schön, *das* bedeutet also – monatelang jede Nacht mehrmals aufstehen zu müssen und nie seine gute Laune verlieren zu dürfen; und das – nicht mit Michael zu schlafen, weil ein Kind krank war. Und jahrelang ein Schwamm für kleine Wünsche zu sein, so daß alles, was nicht Kind war, an einen so fernen Horizont zurückwich und für immer unerreichbar wurde – wie lautete das Wort *dafür*? Die großen Worte für das, was man von jeder Mutter erwartet, hatten sie amüsiert. Aber Tugenden? Richtige Tugenden? Wenn ja, dann hatten sie sich an ihr gerächt, waren Feinde geworden. Wenn sie, die Ehefrau und Mutter, beinahe schon in mittleren Jahren, auf das Mädchen zurückblickte, das mit Michael zusammen gelebt hatte, kam es ihr vor, als hätte sie sich keine Tugenden angeeignet, sondern eine bestimmte Form von Schwachsinn.

Am Tag nach dem Ausbruch ihres Jüngsten mußte sie vormittags zufällig zum Einkaufen in die High Street und wurde dort von einer kurzen Verkehrsstockung aufgehalten. Sie beobachtete eine junge Frau, die mit einem Kind in der Sportkarre die Straße entlangging. Diese junge Frau, vielleicht neunzehn – ungefähr so alt wie sie, als sie ihr erstes

Kind bekam –, trug einen Minirock, hatte unbändige dunkelrote Haare, grüne Augen und strahlte eine ruhige Energie aus. Sie wirkte jedoch wie ein kleines Mädchen, das Mutter spielt. Sie schob die Sportkarre mit einer Hand, während sie in der anderen eine große Tasche mit Lebensmitteln trug. Sie schritt aus wie eine Wikingerin. Von dieser jungen Frau hatte Kate ihre Aufmerksamkeit anderen zugewandt. Die Straße schien sich unversehens mit jungen Frauen, verheiratet oder unverheiratet, mit und ohne Kleinkinder gefüllt zu haben, und sie alle, sie alle – ja, daran konnte man es erkennen, an ihren Bewegungen – bewegten sich mit einer ruhigen, saloppen, schwingenden Grazie, Freiheit. Es war Zuversicht. Es war alles, was sie, Kate, im Übermaß ihrer Befangenheit, im Bewußtsein der Konsequenzen ihrer Handlungen verloren hatte.

Dann, als sie die Wahrheit über diese jungen Frauen – der Gegensatz zwischen ihnen und ihr schmerzte – sehr bewußt in sich aufgenommen hatte, achtete sie auf die Bewegungen, auf die Gesichter ihrer eigenen Altersgenossinnen. Zwanzig Jahre betrug der Unterschied, mehr war nicht nötig, um diese tapferen Gesichter in Habachtstellung, in Mißtrauen erstarren zu lassen. Oder sie waren von einer idiotischen Gutartigkeit, von der Gutartigkeit des Opfers, und von einer schrecklichen wehrlosen *Nettigkeit*, wie das schwache Lachen, das so klingt, als würde es gleich in Tränen übergehen. Sie bewegten sich, als wären ihre Glieder erlahmt – aus Angst, in irgendeine Falle zu tappen, aus Angst, in etwas hineinzustolpern; sie bewegten sich, als wären sie von unsichtbaren Feinden umgeben.

Kate war den ganzen Vormittag langsam auf und ab gegangen, die lange verstopfte Straße hinauf und hinunter, und hatte die Wahrheit in sich aufgenommen, daß die Gesichter und Bewegungen der meisten Frauen in mittleren Jahren etwas von Gefangenen und Sklavinnen hatten. Am Anfang einer langen, unvermeidlichen Erfahrung steht ein junges, zuversichtliches, couragiertes Mädchen; am Ende eine Frau in mittleren Jahren – sie selbst.

Kate war schließlich nach Hause gegangen und hatte wochenlang ihre Bewegungen, Worte und Handlungen von diesem neuen Gesichtspunkt aus beobachtet. Und war dann zu dem einfachen Schluß gekommen, daß sie schwachsinnig war. Von morgens bis abends dachte sie nur noch ans Wirtschaften, ans Organisieren, daran, wie sie es schaffen konnte, daß alles richtig lief, was geschehen würde, wenn sie dies oder jenes nicht tat. Während sie sich beobachtete, ihren Worten lauschte, wandte sie ihre Aufmerksamkeit gleichaltrigen Frauen zu, mit denen sie befreundet war. Alle, jede einzelne, hatten eine lange Ausbildung auf einem einzigen Gebiet genossen: sich mit übertriebener Geschäftigkeit um alles zu kümmern. (Mary Finchley natürlich nicht. Aber sie, Kate, mußte sich langsam darüber klarwerden, was Mary für sie bedeutete, welchen Stellenwert sie einnahm – sie konnte Mary nicht gut von jeder normalen Kategorie ausschließen und es dabei bewenden lassen.) Dazu hatte diese jahrelange Aneignung von Tugenden geführt: Sie und ihre Altersgenossinnen waren Maschinen, die man auf eine Funktion eingestellt hatte, aufs Wirtschaften und Vorbereiten und Schlichten und Voraussehen und Ordnen und Sichaufregen und Ängstigen und Organisieren. Darauf, sich um alles und jedes zu kümmern.

Louise de Vilmorin

Alt?

Monsieur Valle-Didier war soeben aus England zurückgekehrt, wo sich seine geschäftlichen Angelegenheiten schneller hatten regeln lassen als erwartet. Die gewonnene Zeit hatte er genutzt, um seine Tochter von der Klosterschule abzuholen und mit ihr nach London zu fahren. Nachdem sie zwei Tage in Restaurants, Theatern und Museen verbracht hatten, sagte Clotilde zu ihrem Vater: »Während wir uns hier amüsieren, bezieht Mama ganz allein das Haus in Südfrankreich. Fahren wir hin, um ihr zu helfen, das wird eine schöne Überraschung.«

Madame Valle-Didier wusste ihren Ärger zu verbergen. Lachend empfing sie die beiden, bezichtigte sie scherzhaft der Heimlichtuerei und führte sie nach dieser herzlichen Begrüßung auf die Terrasse, um ihnen Peter von L. vorzustellen.

Monsieur Valle-Didier verfügte über Selbstbeherrschung. Als vernünftiger Mann ließ er nicht zu, dass seine Gefühle, gleich welcher Art, die Gelassenheit störten, die er nach außen zeigte. Er war ein jovialer, großzügiger Ehemann und schien darüber entzückt, seine Frau in Gesellschaft eines Unbekannten vorzufinden, der ihm auf Anhieb gefiel. Während Clotilde sich auf der Stelle in den jungen Mann verliebte, dessen Schönheit so augenfällig war. Man legte zwei weitere Gedecke auf, und das Abendessen, von dem Madame Valle-Didier sich so viel erhofft hatte, wandelte sich zum Familientreffen.

Monsieur Valle-Didier stellte seiner Frau allerlei Fragen zu ihrem Aufenthalt in der Normandie und wunderte sich über das Fehlen von Marise Lejeand: »Du hattest mir doch geschrieben, dass sie mit dir reist«, sagte er.

»Wir sind gestern angekommen, und dann ist sie heute Morgen einfach davongeflogen.«

Catherines Zerstreutheit musste ihrem Mann auffallen. Ihm wurde klar, dass seine Fragen sie nicht interessierten, dass sie weder Lust hatte, ihm zuzuhören noch mit ihm zu reden, dass ihre ganze Aufmerksamkeit dem Gespräch galt, das Peter und Clotilde leise führten. Auch wenn sie wusste, dass sie anziehender und schöner war als ihre Tochter, beneidete Madame Valle-Didier sie den ganzen Abend lang und sollte sie noch mehr beneiden, als sie am nächsten Morgen gegen elf erfuhr, dass Clotilde und Peter gemeinsam das Haus verlassen hatten.

»Ja, sie sind zum Baden ans Meer gefahren«, sagte Monsieur Valle-Didier.

Darauf entgegnete sie, dass auch sie gern baden gehen würde, und er fuhr sie zum Strand.

»Wie voll es hier ist«, sagte Catherine, als sie ankamen. »In diesem Ameisenhaufen werden wir sie nie finden.«

»Du kannst ja trotzdem schwimmen.«

»Allein im Meer, unter lauter Fremden? O nein, ich käme mir verloren vor. Wir sollten besser nach ihnen suchen.« Und während sie über den Strand lief und dabei abwechselnd die Badenden und die unzähligen Menschen ins

Visier nahm, die im Schatten der Sonnenschirme lagen, folgte ihr ganz entspannt ihr Mann und lächelte abwechselnd die hübschen Frauen und den Meereshorizont an.

»Wie konnte ich das nur vergessen!«, rief er plötzlich. »Clotilde hat mir gesagt: ›Wir fahren nach La Garoupe.‹«

»Sie hätte mir Bescheid geben können.«

»Sie hat mich darum gebeten, und dann habe ich die Zeitungen gelesen und wusste nichts mehr, so verblödet man richtig.«

»Das hast du gesagt.«

Sie fuhren nach La Garoupe, wo die jungen Leute mit ein paar Freunden Ball spielten. Als Clotilde ihre Eltern sah, unterbrach sie das Spiel und rannte ihnen entgegen.

»Ihr seid ja lieb, ihr beiden!«, sagte sie.

»Wollen wir ins Wasser?«, fragte ihre Mutter.

»Aber ja. Zieh dich schnell um. Wir spielen noch die Partie zu Ende, und dann gehören wir dir.«

»Hast du eine Kabine gemietet?«

»Ja, Mama. Sieh nach links und zähl eins, zwei, drei. Siehst du? Eins, zwei, drei und die vierte, die grüne, ist meine. Siehst du sie?«

»Natürlich sehe ich sie, ich bin ja nicht verblödet, ich jedenfalls nicht.«

»Dann lass ich dich allein hingehen.«

Madame Valle-Didier zog sich aus, öffnete ihre Strandtasche, holte Sonnenölfläschchen hervor, japanische Pantoffeln, bunte Badetücher und stellte dann fest, dass sie in ihrem Eifer, dem Tête-à-Tête von Peter und ihrer Tochter ein Ende zu setzen, ihren Badeanzug vergessen hatte. Niedergeschlagen zog sie sich wieder an und ging zu ihrem Mann zurück, der die Schlussphase des Ballspiels gespannt verfolgte. Seit zehn Jahren litt er an Rheuma, seit zehn Jahren durfte er nicht mehr im Meer baden, doch die Enttäuschung seiner Frau konnte er nachfühlen.

»Gott sei Dank schützt mich die Krankheit vor solchen Rückschlägen, aber du tust mir trotzdem leid«, sagte er. »Komm, setz dich zu mir, und dann schauen wir uns als nettes altes Ehepaar an, was die Jugend so treibt.«

»Alt? Du vielleicht«, erwiderte sie.

Madame Valle-Didier, noch keine vierzig, sah jünger aus, als sie war. Ihr kurzes, gewelltes Haar, ihr leichtfüßiger Gang und ihre luftigen Kleider verliehen ihr, besonders im Sommer, noch eine mädchenhafte Aura. Man hätte sie auf höchstens dreißig geschätzt. Wenn man jung ist, ist man offen für die Liebe. Man hat keine Angst, sich lächerlich zu machen. An diesem Morgen bekam sie zum ersten Mal das Alter zu spüren. Wie sie da im Sand hockte, an der Seite eines Gatten im Anzug aus Shantungseide und mit Panamahut, sah sie sich in die Lage einer Mutter versetzt, die neben der eigenen Tochter alt wirkte. Sie war überflügelt worden, und während ihr Mann vor Freude lachte, wenn er Clotilde rennen und den Wellen entgegenhüpfen sah, kochte sie jedes Mal innerlich vor Wut, wenn Peter Clotilde einholte und sie mit unhörbaren Worten ins Meer zog.

Kluge Menschen verstehen es,
den Abschied von der Jugend
auf mehrere Jahrzehnte
zu verteilen.

Françoise Rosay

Marlene Dietrich

Mutterliebe

Die Zügel meiner Gefühle fest in der Hand zu halten, war mir zur zweiten Natur geworden, noch bevor meine Mutter beschloss, dass meine Röcke länger gemacht werden müssten, um meine Knie zu bedecken.

Ich wusste auch, dass eine ihrer obersten, grundlegenden, leicht einzusehenden, aber schwer in die Tat umzusetzenden Verhaltensregeln lautete: »Ertrage das Unvermeidliche mit Würde.«

Die Würde schloss Jammern und Klagen aus; folglich lautete die Zwillingsregel: »Die Tränen, die man um etwas Unvermeidliches weint, müssen heimliche Tränen bleiben.« »Logisches Denkvermögen« war eine andere frühe Errungenschaft, die das Lernen erleichtern, einem noch nicht ausgebildeten Gehirn Erinnerungs- und Gedächtnisstütze sein sollte, es war aber auch das Licht, das den Weg zur Klärung der Probleme beleuchtete. Logik, als ich lernte dich zu lieben, lächelte meine Mutter. Sie lächelte mir zu, mir, die ich in einem Krieg aufwuchs, den sie nicht hatte verhindern können.

Das war die Treue meiner Mutter: Treue in der Anerkennung, Treue in der Hoffnung, Treue in der Überzeugung, dass ihr Leib stark genug gewesen war, um dem neuen Wesen Kräfte mitzugeben, die während der ganzen Kriegszeit vorhalten würden. »Sie sind perfekt, deine Zähne«, sagte sie, wenn ich diese putzte. »Sie werden halten. Das verdankst du deiner Abstammung«, fügte sie hinzu, wie um sich selbst zu beruhigen. Sie glaubte eisern an die Herkunft, oder vielmehr an den »Stall«, wie sie sagte. Und sie strich mir weiter meine mageren Rationen an Milch, Käse und Fleisch, um sie ihrer eigenen Mutter zu geben.

Meine wunderbare und zarte Großmutter erhielt den Löwenanteil aller Familienrationen. Sie war nicht nur die schönste aller Frauen, sondern auch die eleganteste, charmanteste und vollkommenste Person, die es gab. Ihre Haare waren von einem dunklen Rot und ihre Augen von schillerndem Veilchenblau. Sie war groß und schlank, strahlend und fröhlich. Sie hatte mit siebzehn geheiratet und wurde immer für so alt oder jung gehalten, wie sie selbst gerne erscheinen wollte. Sie trug kostbare Kleider; selbst ihre Handschuhe waren maßgefertigt. Sie war auf natürliche Weise elegant und kümmerte sich nicht um die Mode. Sie liebte Pferde, ritt jeden Morgen in aller Frühe aus, kam manchmal noch vor der Schule an unserem Haus vorbei und küsste mich dann durch einen Schleier, in dem sich die frische Morgenluft mit ihrem Parfüm vermischte. Meine Mutter erhob niemals Einwände gegen ihre Entscheidungen, auch auf die Gefahr hin, dass mein strenges Tagesprogramm umgestoßen werden musste. Meine Großmutter überschüttete mich mit Liebe, Zärtlichkeit und Güte. Sie weckte in mir das Verlangen nach schönen Dingen, nach Gemälden, nach Dosen von Fabergé, Pferden, Wagen, nach den warmen zartrosa Perlen, die sich von der weißen Haut ihres Halses abhoben, und den Rubinen, die an ihren Händen funkelten.

Sie ließ mich ihre Schuhe auf meinem kleinen Finger balancieren und sagte: »So leicht müssen sie sein.« Vor dem Krieg hatte ich immer ungeduldig den französischen Schuhmacher erwartet, der jede Saison kam, Bestellungen für neue Schuhe aufnahm und andere ablieferte, aber ich durfte ihn nie sehen. »Die Schule ist wichtiger«, sagte sie, »und außerdem sind Schuhe eine ernsthafte Angelegenheit.« Meine Großmutter war zugleich ganz wirklich und geheimnisvoll, ein Traumbild, vollkommen, begehrenswert, fern und faszinierend. Aber ihre Liebe, die war da, gegenwärtig. In ihrer Sorge um die Menschen, die sie liebte, war sie ebenso leidenschaftlich wie in ihrer Liebe.

Bevor ich an der Haustür meiner Großmutter läutete, kniff meine Mutter mich in die blassen Wangen, und ich stieß einen kleinen Schmerzensschrei aus. Meine Großmutter kam mit wehenden Röcken die breite Treppe heruntergelaufen. Sie wiederholte unermüdlich meinen Namen, hockte sich zu mir nieder und wiegte sich strahlend mit mir nach vorne und nach hinten. Wir sprachen immer nur über schöne Dinge, niemals über die Briefe, die von der Front kamen, niemals über Krieg oder Trauer. Meine Mutter plante unsere Besuche sorgfältig, damit meine Großmutter nicht merkte, dass meine Wangen immer blasser wurden. Sie wollte ihrer Mutter jeglichen Kummer, jegliche Unannehmlichkeit ersparen. Auf dem Heimweg war sie immer schweigsam und in Gedanken versunken. Manchmal legte sie ihre Hand auf meine Wange, drückte meinen Kopf an sich und passte sich meinem Schritt an.

Liv Ullmann

Aus:

Wandlungen

roßmama lebte bis zu Papas Tod bei uns.

Eine alte Frau mit der Seele eines jungen Mädchens, die mir ihr Herz öffnete, weil sie merkte, dass wir seelenverwandt waren.

Sie ließ eine neue, wunderbare Welt für mich erstehen, in der alles möglich war. In der ein Baum oder ein Stein viel mehr bedeuteten als das, was wir mit den Augen wahrnehmen können. Sie zeigte mir, wie die Adern der Blätter pulsierten. Und sie war die Erste, die mir sagte, dass Pflanzen aufschreien, wenn man sie verletzt.

Auf unseren Spaziergängen wurde die Natur zu einem Teil des Himmelreiches, in dem Gott hinter seinem Vorhang aus Wolken und Sonne und Sternen Wache hielt.

Alles, was wuchs, war auf seine Weise schön, hatte ein Eigenleben. Wir sprachen nie über Naturschutz; aber ich lernte von Großmama, dass ich nicht das Recht hatte, die Natur zu unterjochen, ihr Gewalt anzutun, als wäre ich in keiner Weise verantwortlich für das Ganze.

Ein Gesicht mit derben Zügen und unzähligen Runzeln – Augen, in denen das Weiße sich gelb verfärbt hatte, deren wunderschöne hellblaue Iris aber noch unverändert strahlte. Der angenehme Geruch, wenn ich meinen Kopf an ihrer Brust barg. Die Wärme ihrer Umarmung.

Erst als ich schon erwachsen war, wurde mir bewusst, dass Großmama eine alte Frau war. Ich sah, dass der Rücken, der mich so oft getragen hatte, gebeugt und gekrümmt war. Das Haar, einst ein dicker Zopf, wie sie mit Stolz erzählte, an dem die Jungen sie als kleines Mädchen gern gezogen hatten, war nur noch ein dünnes weißes Zöpfchen, das sie zu einem kleinen Knoten zusammendrehte.

Wir wohnten in Trondheim, sie in Oslo, aber ich verlebte häufig ein paar Sommerwochen bei ihr. Und als ich achtzehn war, kam ich für ein Jahr nach Oslo. Manchmal besuchten wir an einem Abend drei Kinovorstellungen. Großmama zahlte. Oder wir gingen in ein kleines Café und unterhielten uns über die Leute, die wir dort sahen.

Das Schönste war, wenn ich die Nacht in ihrem Zimmer verbringen durfte. Wir mussten uns sehr still verhalten, weil sich Großmamas Hauswirtin Schlafgäste verbeten hatte.

Ihr Schreibtisch vor dem Fenster. Nirgendwo gab es so aufregende Schubladen wie bei ihr, voller Briefe und Kästchen und Schmuck und Erinnerungen aus einem langen Leben.

Manchmal weinten wir zusammen, wenn wir Großvaters Liebesbriefe lasen.

Sie waren bereits viele Jahre geschieden, als er starb. Jeder sagte, er habe sie verlassen, weil sie eine schwierige, böse Frau gewesen sei. Das verstand ich nie. Meist saßen wir auf ihrer goldfarbenen Bettdecke, die Augen auf Großvaters Bild über dem Bücherregal geheftet, und wir betrachteten ihn sehr lang und eingehend, ehe wir zu Papas Fotos übergingen. Ihre Stimme, wenn sie mir von der Zeit erzählte, als sie die junge Frau eines Offiziers und Papa ein kleiner Junge war – der hübscheste, netteste kleine Junge der Welt. Und von Großvater, der abends in seiner prächtigen Uniform nach Hause kam und sie nacheinander hochhob.

Großmamas unglückliche Ehe. Eine Scheidung, bei der sie den Sündenbock abgeben musste, obwohl ihr Mann es war, der sofort wieder heiratete. Ich fragte Großmama nie, wie es eigentlich zu der Scheidung gekommen war, denn ich wusste, dass ihre Gedanken und Erinnerungen nicht über die glücklichen Jahre hinausgingen. Solange ich sie kannte, lebte Großmama fast immer in einer Fantasiewelt, die wirklicher für sie war als ihre traurigen Erlebnisse. Und in dieser Welt wanderten wir stundenlang herum. Das Jahr, als ich achtzehn war und meine beste Freundin fünfundsiebzig.

Es tut weh, an den letzten Abschnitt ihres Lebens zu denken. Ein Altersheim. Geschmackvoll eingerichtet. Alle Farben harmonisch aufeinander abgestimmt. Geduldig lächelnde Pflegerinnen mit weißen Schürzen. Doch sobald die Glocke zum Frühstück, Mittagessen oder Abendessen rief, mussten fünfzig alte Damen unverzüglich ihre Zimmer verlassen und sich in den Speisesaal begeben. Mussten mit Menschen an einem Tisch sitzen, deren Gesellschaft sie nicht gesucht hatten. Über Ereignisse sprechen, die sie nicht interessierten. Freundschaftliche Kontakte suchen, obwohl sie nichts miteinander gemein hatten als die Einsamkeit und das Warten.

Die Furcht, wenn sie einen Tag das Bett hüten musste; drei Tage im Bett bedeuteten, dass man in die Pflegeabteilung verlegt wurde. Es gab lange Wartelisten für die Zimmer – und aus dem Pflegeheim kehrte kaum jemand zurück. Eines Tages kam auch Großmama dorthin.

«Es ist viel besser für alte Leute, wenn sie eine ständige Betreuung haben. Wenn sie mit Menschen zusammen sein können, die in der gleichen Situation sind.» Verwandte, die nur das Beste für ihre Lieben wollen und sie einer Institution überantworten, in der es kein «Ich» mehr gibt, nur noch ein «Wir».

«Wir» müssen vielleicht ein bisschen früh zu Bett gehen; wenn «wir» überhaupt kräftig genug waren, irgendwann an diesem Tag aufzustehen. Manchmal fanden die abendliche Waschprozedur und sonstige Vorbereitungen für die Nacht schon um vier Uhr nachmittags statt. Etwas früh vielleicht – aber das Personal ist so knapp – und «wir» haben ja sowieso nichts weiter zu tun, wenn «wir» auf sind. Anklopfen ist nicht mehr notwendig. Was für Geheimnisse kann ein alter Mensch schon haben? Jemand, der nur ein Bett besitzt – kaum einen Meter von der Nachbarin entfernt. Ein Zimmer, in dem es keine Bücher, Möbel oder Bilder mehr gibt. Wie die Hausordnung es bestimmt. Aber wenn die Pflegerin nett ist, dürfen «wir» vielleicht ein Foto an die Wand aufhängen. (Bitte keinen Nagel benutzen – er hinterlässt ein hässliches Loch.) Dann können «wir» dort liegen und auf Bilder von Familienangehörigen und

Freunden starren, die so mit ihrem eigenen Leben beschäftigt sind, dass der Besuch bei den Alten von einer Woche auf die andere verschoben wird. Aber schließlich haben «wir» es doch so angenehm. Besucher können oft sehr lästig sein.

Ich weiß noch, wie Großmama mir alles zeigte. Sie öffnete die Tür des Fernsehschranks und wunderte sich, wohin denn das nette Mädchen gekommen sei, das sonst immer dort drinnen war. Ich wollte nicht glauben, dass sie senil geworden war, und versuchte, sie in die Welt zurückzurufen. Wollte ihr sagen, dass sie sich nicht einer stumpfsinnigen Apathie überlassen dürfe. Wollte sie daran erinnern, dass ich sie liebte, mich nach der Gemeinsamkeit von früher sehnte. Sie sollte nicht das Gefühl haben, sie gehöre nicht mehr zu dem Leben, das durch sie so bereichert worden war.

Ich saß an ihrem Bettrand und warf verstohlen einen bedrückten Blick auf ihre Nachbarin. Dort lag jemand, der schon vor langem in eine Welt eingetreten war, in der man in Frieden träumen und seinen Erinnerungen nachhängen kann.

Ich hielt Großmutters Hand, wusste nicht mehr, was für Worte ich gebrauchen sollte. Ich wusste nur, dass sie bald ihrer Nachbarin in das Land der Träume folgen würde. Weil sie die Situation, in der sie war, nicht ertragen konnte.

Sie hatte den Punkt des Lebens erreicht, in dem man endlich in das Buch der Antworten schauen darf. Aber es gab keine Antworten.

Das Leben war nie so verlaufen, wie sie es sich gewünscht hatte. Und ihr Ende war das Vernichtendste von allem. Ich kam zu ihr, und sie fragte, wer ich sei. Als hätte ich nie als kleines Mädchen die Arme um sie geschlungen. Sie wusste nicht mehr, dass wir früher einmal die wunderbarsten Geheimnisse miteinander geteilt hatten.

Danach besuchte ich sie nur noch ganz selten.

Großmama starb, und nichts war mehr wie zuvor.

Vielleicht sollte man sein Herz nicht an jemanden hängen, der so viel früher gehen muss.

Du kannst nicht wählen,
wie du stirbst oder wann.
Aber du kannst bestimmen,
wie du lebst. Jetzt!

Joan Baez

An das Leben

Ich liebe dich, Leben,
ich will dir dienen,
herrliches, großes,
grausames du!

Reich deinen Kelch mir,
den schmerzgefüllten –
will ihn dir bringen,
trinke dir zu!

Immer auf's Neue
will ich ihn leeren,
presst mir der Ekel
oft auch den Mund,

immer auf's Neue,
kostbare Gabe,
will ich dich kosten
bis auf den Grund.

Drücktest den Kranz mir,
den dornenschweren,
rosendurchflochtenen,
auf mein Haupt –,

rinnt es die Wange
heiß auch hernieder,
lach ich der Dornen,
rosenumlaubt.

Rauscht, meine Saiten,
klingt, meine Lieder,
dass ich dir singe
mit jauchzender Lust –,

wenn deine Schmerzen
jäh mich durchzittern,
wenn deine Freude
schwellt meine Brust.

Reich deinen Kelch mir,
Den schaumgekrönten –
will ihn dir bringen,
trinke dir zu!

Neige mich, preisend
was du gegeben,
herrliches Leben,
siegreiches du!

Thekla Lingen

Colette

Man
muss
altern

Ach, all ihr Winter meiner Kindheit, ein einziger Winter- tag hat euch mir heute zurückgegeben! Und in dem ova- len Spiegel, nach dem meine Hand zerstreut griff, suche ich mein Gesicht von einst, nicht das der noch jungen Frau, die ihre Jugend bald verlassen wird …

Noch im Zauber meines Traumes gefangen, wundere ich mich, dass ich anders, älter wurde, während ich träumte. Mit bebendem Pinsel könnte ich über dieses Gesicht ein an- deres malen, ein frisches, von Sonne und Schnee gerötetes Kindergesicht, straffe Wangen, die in einem schmalen Kinn enden, bewegliche Brauen, die sich leicht zusammenziehen, ein Mund, dessen schlaue Winkel die naive, kurze Oberlippe Lügen strafen – ach, nur für einen Augenblick. Der sanfte Glanz des heraufgerufenen Pastells zerfällt, verfliegt … Das dunkle Wasser des kleinen Spiegels behält nur mein Bild zurück, wie es mir entspricht, ganz entspricht: von leichten Fingernagel-Kratzern gezeichnet, an den Augenlidern, den Mundwinkeln, den eigensinnigen Brauen von feinen Lini- en durchzogen. Ein Bild, weder lächelnd, noch betrübt, und das mir allein zuraunt: »Man muss altern. Weine nicht, fal- te nicht flehend die Hände, empöre dich nicht: Man muss altern. Wiederhole dir diesen Satz, nicht als Verzweiflungs- schrei, sondern als Signal für einen notwendigen Aufbruch.

Sieh dich an, deine Lider, deine Lippen, hebe über deinen Schläfen die Locken ein wenig: Du beginnst schon, dich von deinem Leben zu entfernen, vergiss nicht, man muss altern! Entferne dich langsam, ganz langsam, ohne Tränen: Vergiss nichts! Nimm deine Gesundheit mit, deine Fröhlichkeit und deine Koketterie, und auch das bisschen Güte und Gerechtigkeit, die dir das Leben weniger bitter machten; vergiss nichts! Geh davon in vollem Schmuck, geh leise und bleibe nicht stehen auf dem unvermeidlichen Weg, du würdest es vergeblich versuchen – denn man muss altern! Folge dem Pfad und lege dich nur nieder, um zu sterben. Und wenn du dich auf dem welligen Straßenband hinstreckst und hast nicht, eins ums andere, dein lockiges Haar, deine Zähne, deine abgenutzten Glieder zurücklassen müssen, wenn der ewige Staub deinen Augen nicht vor der letzten Stunde das Wunder des Lichtes nahm, wenn du bis zum Ende die liebe Hand, die dich führt, in der deinen behalten hast, dann lege dich lächelnd hin, schlafe glücklich, du hast es gut.«

Man muss sein
Leben lang kämpfen,
um das Leben
lebendig zu machen.

Anne Morrow Lindbergh

Lebensgebet

Gewiss, so liebt ein Freund den Freund,
wie ich dich liebe, Rätselleben –
ob ich in dir gejauchzt, geweint,
ob du mir Glück, ob Schmerz gegeben.

Ich liebe dich samt deinem Harme;
und wenn du mich vernichten musst,
entreiße ich mich deinem Arme
wie Freund sich reißt von Freundesbrust.

Mit ganzer Kraft umfass ich dich!
Lass deine Flammen mich entzünden,
lass noch in Glut des Kampfes mich
dein Rätsel tiefer nur ergründen.

Jahrtausende zu sein! zu denken!
Schließ mich in beide Arme ein:
Hast du kein Glück mehr mir zu schenken,
wohlan – noch hast du deine Pein.

Lou Andreas-Salomé

Quellennachweis

Ideale und Träume

Regina Faerber, manifest 4, aus: RADIUS-Almanach 1983/84, © bei der Autorin

Simone de Beauvoir, aus: Memoiren einer Tochter aus gutem Hause. Deutsch von Eva Rechel-Mertens, © 1960 bei der Rowohlt Verlag GmbH, Reinbek bei Hamburg

Mascha Kaléko, Interview mit mir selbst, aus: Mascha Kaléko, Das lyrische Stenogrammheft, veröffentlicht in der Rowohlt Verlag GmbH, Hamburg, Februar 1956, © 1933 Mascha Kaléko, © 1975 Gisela Zoch-Westphal

Irmgard Keun, Ich bin ein Glanz, aus: Irmgard Keun, Das kunstseidene Mädchen, Erstausgabe 1932, © 2005 Claassen Verlag in der Ullstein Buchverlage GmbH, Berlin

Elizabeth von Arnim, aus: Elizabeth und ihr Garten, erste Auflage 1990, © der deutschen Übersetzung beim Insel Verlag, Frankfurt am Main 1987

Doris Lessing, So etwas tut keine verheiratete Frau, aus: Doris Lessing, Der Sommer vor der Dunkelheit, © der deutschen Übersetzung bei der Rowohlt Verlag GmbH, Reinbek bei Hamburg 1975, © des englischen Originals bei Doris Lessing 1973

Marlene Dietrich, Über die Freundschaft, aus: Marlene Dietrich, Ich bin, Gott sei Dank, Berlinerin, aus dem Französischen von Nicola Volland, © Die Marlene Dietrich Collection GmbH, München. Der Textauszug wurde in die neue Rechtschreibung übertragen.

Ingeborg Bachmann, Nun steckt aber in jedem Fall …, in: Die Wahrheit ist dem Menschen zumutbar, aus: Ingeborg Bachmann, Werke Bd. 4: Essays, Reden, Vermischte Schriften. © 1978 Piper Verlag GmbH, München

Harmonie und Schönheit

Marie Luise Kaschnitz, Welch strahlende Lebensfreude …, © Graf & Graf Literatur- & Medienagentur GmbH, Berlin

Marietta Peitz, 12. Mai (Freunde kommen …), aus: Marietta Peitz, Grün, wie lieb ich dich grün, © 1978 Radius-Verlag, Alexanderstr. 162, 70180 Stuttgart

Marlene Dietrich, Harmonie, aus: Marlene Dietrich, Ich bin, Gott sei Dank, Berlinerin, aus dem Französischen von Nicola Volland, © Die Marlene Dietrich Collection GmbH, München. Der Textauszug wurde in die neue Rechtschreibung übertragen

Liebe, Glück und Leidenschaft

Liv Ullmann, Wann fühlst du dich am Glücklichsten? …, aus: Liv Ullmann, Wandlungen, © der deutschen Übersetzung beim Scherz Verlag, Bern – München – Wien 1976, © bei der S. Fischer Verlag GmbH, Frankfurt am Main 2012

Jane Bowles, aus: Einfache Freuden, © 1985 Carl Hanser Verlag München Wien

Mascha Kaléko, Regenabend zu Zweien, aus: Mascha Kaléko, Das lyrische Stenogrammheft, veröffentlicht in der Rowohlt Verlag GmbH, Hamburg, Februar 1956, © 1933 Mascha Kaléko, © 1975 Gisela Zoch-Westphal

Brigitte Kronauer, Ehepaar Dortwang, aus: Brigitte Kronauer, Die Einöde und ihr Prophet. Erzählungen und Essays, © Klett-Cotta, Stuttgart 1996

Isabel Allende, Klein-Heidelberg, aus: Isabel Allende, Ein diskretes Wunder. Erzählungen, aus dem Spanischen von Lieselotte Kolanoske, © Suhrkamp Verlag, Berlin 2010

Stationen, Entwicklungen und Veränderungen

Marlene Dietrich, Wie ein blassblaues Band, aus: Marlene Dietrich, Ich bin, Gott sei Dank, Berlinerin, aus dem Französischen von Nicola Volland, © Die Marlene Dietrich Collection GmbH, München. Der Textauszug wurde in die neue Rechtschreibung übertragen.

Mascha Kaléko, Krankgeschrieben, aus: Mascha Kaléko, Das lyrische Stenogrammheft, veröffentlicht in der Rowohlt Verlag GmbH, Hamburg,